AROMEN, DIE WIR LIEBEN

MARTINA GÖLDNER-KABITZSCH/SUSANN KREIHE

Aromen, die wir lieben

Dreizehn Menüs mit besonderen Gewürzen

MIT FOTOS VON FRANZISKA TAUBE

Jan Thorbecke Verlag

VERLAGSGRUPPE PATMOS

PATMOS
ESCHBACH
GRÜNEWALD
THORBECKE
SCHWABEN

Die Verlagsgruppe
mit Sinn für das Leben

MIX
Papier aus verantwortungsvollen Quellen
FSC® C095359

Für die Schwabenverlag AG ist Nachhaltigkeit ein wichtiger Maßstab ihres Handelns. Wir achten daher auf den Einsatz umweltschonender Ressourcen und Materialien. Dieses Buch wurde auf FSC®-zertifiziertem Papier gedruckt. FSC (Forest Stewardship Council®) ist eine nicht staatliche, gemeinnützige Organisation, die sich für eine ökologische und sozial verantwortliche Nutzung der Wälder unserer Erde einsetzt.

www.thorbecke.de

Gestaltung: Finken & Bumiller, Stuttgart, Saskia Bannasch
Druck: Himmer AG, Augsburg
Hergestellt in Deutschland
ISBN 978-3-7995-0377-8

INHALT

safran 8
kardamom 16
holunderblüte 24
veilchen 32
ingwer 40
minze 48
rose 56
vanille 64
lavendel 72
schokolade 80
zimt 88
pfeffer 96
kaffee 104

aromen,
die wir lieben –
ein feuerwerk
für
den gaumen

Gehen Sie mit uns auf eine kulinarische Entdeckungsreise in die Welt der Aromen: Kaffee, Vanille oder Minze lassen uns vor allem an süße Genüsse denken. Dass sich auch Fleisch, Fisch und Gemüse damit delikat verfeinern lassen, möchten wir Ihnen in diesem Buch zeigen.
Wir haben 13 unserer Lieblingsaromen ausgewählt, alle mit einem außergewöhnlichen Duft und Geschmack. Wir stellen Ihnen Blüten vor wie Holunder, Veilchen und Rose, Gewürze wie Safran, Zimt und Kardamom, aber auch Zutaten wie Ingwer, Schokolade und Kaffee. Für jedes Aroma haben wir ein ganz besonderes Menü kreiert, das zeigt, wie unglaublich vielseitig sich diese Aromen einsetzen lassen und einer Speise mit wenig Aufwand das gewisse Etwas geben.
Oft fehlen Hobbyköchen die Kenntnis und auch der Mut, gerade so intensive Aromen wie Lavendel, Kardamom oder verschiedene Pfefferarten in ihren Gerichten zu verwenden. Das ist schade, denn sie bieten Ihnen eine bisher unbekannte, raffinierte Geschmackswelt.
In über 90 Rezepten möchten wir Sie einladen, mehr über die einzelnen Aromen und ihre Verwendungsmöglichkeiten zu erfahren, und mit diesem Wissen dann ihre eigene Fantasie anregen, diese Aromen immer wieder neu zu kombinieren.
Auch bei unserem zweiten Buch bereicherte die Fotografin Franziska Taube wieder unser Team. Ihre Fotos unterstreichen die originellen und ungewöhnlichen Rezepte. Ihre klare Bildsprache rückt die Sinnlichkeit der einzelnen Zutaten und die Raffinesse der Gerichte in den Vordergrund. Ihre Bilder machen Appetit und Lust, die Speisen sofort nachzukochen.
Lassen Sie sich auf diese außergewöhnlichen Geschmackserlebnisse ein, denn ihr Genuss ist ein Fest für die Sinne, ein Feuerwerk für den Gaumen.

safran

SAFRAN (CROCUS SATIVUS)

Der Name stammt aus dem Arabischen und bedeutet „gelb". In der Küche zeichnet sich Safran, das kostbarste aller Gewürze, dadurch aus, dass er Gerichten eine stark gelbe Farbe und ein zart-bitteres, honigähnliches Aroma verleiht. 50.000 feine Blütennarben von *Crocus sativus* müssen von Hand geerntet und getrocknet werden, um 100 g echten Safran zu gewinnen. Doch schon kleinste Mengen haben eine unglaubliche Kraft und die richtige Prise macht aus Risotto, Paella, Meeresfrüchten und Gebäck eine unvergessliche Köstlichkeit.

Safran entwickelt sein volles Aroma am besten durch Wärme. Damit sich Duft und Farbe optimal entfalten können, werden die Safranfäden im Mörser leicht zerstoßen und sollten dann in etwas warmem Wasser, Brühe oder Milch 5–15 Minuten ziehen. Je später man den Safran der Speise zufügt, umso intensiver ist sein Aroma.

Wegen des hohen Preises hat Safran immer dazu verlockt, ihn zu fälschen oder zu strecken. Außerdem gibt es unterschiedliche Qualitäten: die beste ist tiefrot und enthält fast keine gelben Anteile. Die Mengenangaben in den Rezepten sind Circa-Angaben, da die Intensität je nach Qualität stark variiert.

SAFRAN-EIER-LIKÖR

Etwa 10 Fäden Safran
250 g Zucker
5 Eigelb
300 ml Milch (3,5 % Fettanteil)
100 ml Alkohol 70 % (Weingeist)

Die Safranfäden mit 1 Teelöffel Zucker im Mörser fein mahlen. Die Eigelbe mit dem restlichen Zucker schaumig schlagen und den Safranzucker unterrühren. Die Masse mit der Milch und dem Alkohol vermischen und für 2 Tage kühl stellen, ab und zu schütteln. Durch ein feines Sieb gießen und in Flaschen füllen. Hält sich gekühlt ca. 3–4 Monate.

SAFRAN-BUTTER

150 g zimmerwarme Butter
Etwa 10 Fäden Safran, fein gemörsert
1 TL Zitronensaft
Salz, Pfeffer, frisch gemahlen

Die Butter mit dem Safran, dem Zitronensaft und etwas Salz und Pfeffer mit dem Handrührgerät schaumig schlagen. Butter in Schälchen streichen oder in Frischhaltefolie zu einer Rolle formen. In den Kühlschrank stellen. Nach Bedarf zu Fisch, als Aufstrich mit etwas Kresse oder zu Eiergerichten servieren.

SAFRAN-APFEL-ESSIG

500 ml Apfelessig
Etwa 10–15 Fäden Safran

Apfelessig und Safranfäden in eine gut verschließbare Flasche füllen, gut schütteln und über Nacht ziehen lassen. Wie normalen Essig verwenden. Hält sich mehrere Monate.

SAFRAN-GEWÜRZ

Etwa 10 Fäden Safran
1 TL Fenchelsamen
1 TL getrockneter grüner Pfeffer
½ TL Anissamen
1 TL Koriandersamen

Die Gewürze in einem Glas mischen und nach Bedarf kleine Mengen in einer Pfanne ohne Fett anrösten, anschließend im Mörser zerstoßen. Passt sehr gut zu gebratenem Fisch, Gemüsegratins und Suppen.

safran-crêpe mit birnen, radicchio und gorgonzola

FÜR 4 PORTIONEN

FÜR DIE CRÊPES

Etwa 10 Fäden Safran

200 ml Milch

50 g Mehl

50 g Maismehl

1 EL Olivenöl

2 Eier

1 Pr Salz

Butter zum Braten

FÜR DIE FÜLLUNG

2 Birnen

1 EL Zucker

Mark von ½ Vanilleschote

Saft von ½ Zitrone

Meersalz

Pfeffer, frisch gemahlen

1 kleiner Radicchio

1 Bund Schnittlauch

150 g cremiger Gorgonzola

— Für die Crêpes die Safranfäden in einem Mörser zerreiben und in 50 ml Milch kurz erwärmen. 10 Minuten ziehen lassen.

— Alle Zutaten außer der Butter zu einem glatten Teig verrühren. 10 Minuten quellen lassen.

— Eine flache, beschichtete Pfanne mit Butter ausstreichen und etwas Teig hineingeben. Durch Schwenken den Teig gleichmäßig in der Pfanne verteilen, damit eine dünne Crêpe entsteht. Wenden und 1 weitere Minute backen. Herausnehmen und auf eine Platte legen. Mit dem restlichen Teig so fortfahren, bis etwa 6–8 Crêpes entstanden sind. Die Crêpes abkühlen lassen.

— Für die Füllung die Birnen waschen, schälen, entkernen und in Spalten schneiden. Den Zucker in einer Pfanne schmelzen, die Birnenspalten, Vanillemark und Zitronensaft zufügen und die Birnen 2–3 Minuten im entstehenden Saft schmoren. Mit etwas Salz und Pfeffer würzen und beiseite stellen.

— Die Radicchio-Blätter ablösen und waschen. Die weißen, manchmal bitteren Teile abtrennen. Schnittlauch in feine Röllchen schneiden.

— Je eine Crêpe auf die Arbeitsfläche legen, dünn mit Gorgonzola bestreichen und Schnittlauch darauf streuen. Mit Radicchio belegen und die Birnenspalten in die Mitte legen. Die Crêpe fest aufrollen. Mit den restlichen Crêpes ebenso fortfahren.

— Die Crêpes-Rollen in Stücke schneiden und auf Tellern anrichten. Mit dem restlichen Birnensud beträufeln und mit etwas Meersalz und frisch gemahlenem Pfeffer bestreut servieren.

kaninchenrücken in safran-ingwer-marinade auf mangold und süßkartoffelpüree

- Ingwer schälen und fein reiben, Knoblauch schälen und klein hacken. Safran im Mörser zerreiben und mit Ingwer und Knoblauch mischen. Kaninchenrückenfilets rundum mit der Marinade einstreichen und abgedeckt 1–2 Stunden ziehen lassen.
- Den Backofen auf 120 °C vorheizen.
- Die Kaninchenrückenfilets mit Salz und Pfeffer würzen und in einer Pfanne im heißen Olivenöl von allen Seiten 1 Minute anbraten. Anschließend im vorgeheizten Backofen bei 120 °C 10 Minuten garen.
- Währenddessen für das Püree die Süßkartoffeln schälen, waschen und grob würfeln. Zwiebel schälen und würfeln. 1 Teelöffel Butter in einem Topf erhitzen, Süßkartoffeln und Zwiebeln darin anschwitzen. Mit Salz und Pfeffer würzen, Zucker zugeben und die Kartoffeln goldbraun rösten. Gemüsebrühe angießen und bei mittlerer Hitze in ca. 10–15 Minuten weichkochen.
- Die Süßkartoffeln fein pürieren, in den Topf zurückgeben, die restliche Butter unterrühren und mit Salz, frisch geriebener Muskatnuss und etwas Zitronensaft würzig abschmecken.
- Für den Mangold die Zwiebeln schälen und in Spalten schneiden. Den Mangold abbrausen und trocken schleudern.
- Die Butter in einer Pfanne schmelzen, die Zwiebeln und die Mandeln darin anbraten. Crème fraîche unterrühren und kräftig mit Salz und Pfeffer würzen. Zuletzt den Mangold zugeben und kurz schwenken.
- Zum Anrichten aus dem Süßkartoffelpüree mit zwei großen Löffeln Nocken formen. Diese zusammen mit dem Mangold auf Tellern anrichten. Die Kaninchenrückenfilets in Scheiben schneiden und darauflegen.

FÜR 4 PORTIONEN

FÜR DAS FLEISCH

30 g Ingwer
1 Knoblauchzehe
Etwa 15 Fäden Safran
4 Kaninchenrückenfilets, à ca. 120 g
Salz, Pfeffer, frisch gemahlen
2 EL Olivenöl

FÜR DAS SÜSSKARTOFFELPÜREE

500 g Süßkartoffeln
1 Zwiebel
50 g Butter
Salz, Pfeffer, frisch gemahlen
1 TL Zucker
150 ml Gemüsebrühe
Muskatnuss
Saft von ½ Zitrone

FÜR DEN MANGOLD

2 rote Zwiebeln
250 g junger Mangold
20 g Butter
1 EL gehackte Mandeln
50 g Crème fraîche
Salz, Pfeffer, frisch gemahlen

safran-cheesecake mit vanille-quitten und kürbiskernkrokant

- Für den Mürbeteig alle Zutaten kurz zu einem glatten Teig verkneten, in Frischhaltefolie wickeln und 30 Minuten ruhen lassen.
- Den Backofen auf 160 °C vorheizen.
- Für die Füllung alle Zutaten in einer Schüssel glatt rühren. Mürbeteig auf einer bemehlten Arbeitsfläche auf die Größe der Springform (20 cm Durchmesser) ausrollen und in die gefettete und mit Mehl bestäubte Form legen. Die Quarkmasse einfüllen, glatt streichen und im vorgeheizten Backofen auf mittlerer Schiene 20 Minuten backen.
- Herausnehmen und 5 Minuten zusammenfallen lassen. Die Ränder mit einem kleinen Messer lösen, so dass der Kuchen nicht weiter aufgehen kann. Weitere 20 Minuten backen. Anschließend aus dem Ofen nehmen und abkühlen lassen.
- Die Quitten waschen, schälen, entkernen, in Würfel schneiden und mit Zitronensaft beträufeln.
- Honig, Vanillemark und die Quittenwürfel in einem Topf unter Rühren in ca. 5–8 Minuten weich schmoren. Vom Herd nehmen und abkühlen lassen.
- Für den Krokant die Kürbiskerne in einer Pfanne ohne Fett unter Schwenken rösten, bis sie anfangen, sich aufzublähen. Mit Puderzucker bestäuben und kurz karamellisieren lassen. Auf einem Bogen Backpapier verteilen und abkühlen lassen, dann grob hacken.
- Zum Anrichten den Cheesecake aus der Form nehmen, in Stücke schneiden und auf Tellern mit dem Quittenkompott und den karamellisierten Kürbiskernen anrichten.

FÜR 4 PORTIONEN

FÜR DEN TEIG

40 g Butter
80 g Mehl
20 g Zucker
1 Pr Salz
1 EL Wasser

FÜR DIE FÜLLUNG

500 g Sahnequark
3 Eier
100 g Zucker
Saft und Schale von 1 unbehandelten Zitrone
1 EL Speisestärke
Etwa 15 Fäden Safran, im Mörser zerrieben

FÜR DIE VANILLE-QUITTEN

2 Quitten (ersatzweise Birnen oder Nashibirnen)
Saft von ½ Zitrone
2 EL flüssiger Honig
Mark von 1 Vanilleschote

FÜR DEN KROKANT

50 g Kürbiskerne
2 EL Puderzucker

kardamom

KARDAMOM (ELETTARIA CARDAMOMUM)

Traditionell wird Kaffee in den arabischen Ländern mit Kardamom gewürzt. In den meisten europäischen Küchen spielt er, außer als Gewürz in der Weihnachtsbäckerei, keine allzu große Rolle. Dabei lässt er sich mit seinem blumig-warm-würzigen Aroma sowohl in herzhaften wie auch in süßen Gerichten ausgezeichnet einsetzen. Er passt wunderbar zu Süßkartoffeln und anderem Wurzelgemüse, zu Schmor- und Reisgerichten, aber auch zu Äpfeln, Birnen und Orangen. Die würzig duftenden, kugelrunden, schwarzen Samen aus den grünen Kapseln sollten möglichst direkt vor der Anwendung gemörsert werden, da sie an der Luft schnell ihr Aroma verlieren. Allerdings verfügen sie über einen sehr ergiebigen Geschmack und sollten nur in feinsten Dosen eingesetzt werden. Wer eine eher leichte Kardamom-Note bevorzugt, kann die ganzen Kapseln in einem Säckchen oder Teefilter einige Minuten mitziehen lassen und anschließend wieder entfernen.
Übrigens: Schwarzer Kardamom ist ein eigenständiges Gewürz mit kräftigen, pfeffrigen Aromen und kein Ersatz für Grünen Kardamom. Er ist vor allem in der indischen Küche von Bedeutung.

KARDAMOM-SCHOKOLADEN-PRALINEN

400 g Löffelbiskuit
125 ml Zimtlikör
200 g weiße Kuvertüre
50 g kandierter Ingwer
¼ TL frisch gemahlener Kardamom
6 EL Kokosraspel

Die Löffelbiskuits in einen Gefrierbeutel geben und mit dem Nudelholz fein zerbröseln. Brösel in eine Schüssel geben, den Likör darüber gießen. Die Kuvertüre hacken und in einer kleinen Schüssel im heißen Wasserbad unter Rühren schmelzen lassen. Den kandierten Ingwer sehr fein hacken. Kuvertüre, Ingwer und den Kardamom unter die Bröselmasse rühren. Aus der Masse mit den Händen etwa 25 kleine Kugeln rollen und 1 Stunde im Kühlschrank fest werden lassen. Die Kokosraspel in einer Pfanne ohne Fett rösten, auf einem flachen Teller verteilen und abkühlen lassen. Anschließend die Pralinen darin wälzen, die Kokosraspel dabei leicht andrücken.

SALZMANDELN MIT KARDAMOM

20 g Butter
2 EL flüssiger Honig
½ TL Kardamomsamen, grob im Mörser zerkleinert
1 EL Fleur de Sel
300 g ganze ungeschälte Mandeln

Den Backofen auf 180 °C vorheizen. Butter und Honig in einem Topf schmelzen. Kardamom, Salz und Mandeln unterrühren. Etwa 2 Minuten rühren, anschließend auf einem Backblech mit Backpapier verteilen. Im vorgeheizten Backofen 5 Minuten rösten. Herausnehmen und abkühlen lassen. In einer luftdichten Dose aufbewahrt sind sie etwa 4 Wochen haltbar.

ARABISCHER KARDAMOM-KAFFEE

1 Kardamomkapsel
250 g Kaffeebohnen
½ TL Zucker pro Tasse

Die Kardamomkapsel mit den Kaffeebohnen zusammen in einer Kaffeemühle mahlen. Den Kaffee in einer luftdichten Dose aufbewahren.
Für 1 Tasse Kardamomkaffee 250 ml Wasser aufkochen. Den Zucker zufügen, umrühren und 1 Minute kochen lassen. 1 Teelöffel von dem Kaffeepulver hineingeben und zum Kochen bringen. Dabei umrühren. Kaffee noch zweimal aufkochen, abseihen und heiß servieren.

KARDAMOM-MANDEL-KROKANT

150 g Zucker
100 g Mandelblättchen
2 Msp. frisch gemahlener Kardamom

Zucker mit 50 ml Wasser in einem Topf aufkochen und bei mittlerer Hitze goldbraun karamellisieren lassen. Mandeln und Kardamom unterheben. Die Masse auf einem Bogen Backpapier verteilen. Zügig mit einem zweiten Bogen Backpapier belegen und mithilfe eines Nudelholzes dünn ausrollen.

gebratene calamaretti mit kardamom-chili-mayonnaise auf limetten-gurkensalat

- Für die Mayonnaise Eigelbe und Senf in einer Schüssel verrühren. Die Hälfte des Öls zunächst tröpfchenweise unterschlagen. Die zweite Hälfte des Öls in einem dünnen Strahl zugeben und ebenfalls unter schlagen, bis eine dick-cremige Konsistenz entstanden ist.
- Chilischote halbieren und entkernen, klein würfeln. Kardamomsamen in einer Pfanne ohne Fett kurz anrösten. In einem Mörser grob zerstoßen und mit dem Chili unter die Mayonnaise rühren. Zuletzt mit etwas Weißweinessig, Salz und Pfeffer abschmecken. Bis zum Servieren kalt stellen.
- Für den Gurkensalat die Gurke waschen, schälen, längs halbieren und das Kerngehäuse mit einem Löffel auskratzen. Die Hälften klein würfeln. Gurkenwürfel in eine Schüssel geben, salzen und gut mischen. 15 Minuten ziehen lassen. Das entstandene Gurkenwasser abgießen. Die Gurken mit Limettenschale, -saft und Zucker marinieren. Schnittlauch in feine Röllchen schneiden und unterrühren. Kurz vor dem Servieren nochmals mit Salz, Zucker und etwas Pfeffer abschmecken, falls nötig.
- Calamaretti putzen, waschen und gut trocken tupfen.
- Olivenöl in einer Pfanne erhitzen und die Calamaretti darin kurz bei hoher Hitze anbraten. Knoblauchzehen während des Bratens mit in die Pfanne geben. Calamaretti mit Salz und Pfeffer würzen und beiseite stellen.
- Zum Anrichten den Gurkensalat längs auf einer rechteckigen Platte verteilen. Die Calamaretti darauflegen und mit der Mayonnaise beträufeln. Mit Shisoblättchen oder Kresse verfeinern.

TIPP: Chilischoten gibt es in den unterschiedlichsten Schärfegraden. Je größer eine frische Chilischote ist, umso milder ist sie. Geben Sie daher die fein gehackte Chilischote nach und nach in die Mayonnaise, je nach Geschmack.

FÜR 4 PORTIONEN

FÜR DIE MAYONNAISE

2 Eigelb
1 TL Senf
200 ml Rapsöl
1 kleine Chilischote
Etwa 10 Kardamomsamen
1–2 TL Weißweinessig
Salz, Pfeffer, frisch gemahlen

FÜR DEN SALAT

1 Salatgurke
Salz
Schale und Saft von 1 unbehandelten Limette
1 TL Zucker
½ Bund Schnittlauch

FÜR DIE CALAMARETTI

12–16 kleine Calamaretti
2 EL Olivenöl
2 ungeschälte Knoblauchzehen, halbiert
Salz, Pfeffer, frisch gemahlen
2 Schälchen Shiso oder Kresse

rinderfilet mit granatapfel-chutney und kardamomsauce auf steckrübenmus

- Den Backofen auf 70 °C vorheizen.
- Das Rinderfilet rundum mit Salz und Pfeffer würzen. Eine Pfanne erhitzen, den Butterschmalz hineingeben und das Filet darin von allen Seiten anbraten.
- Das Filet anschließend auf ein mit Alufolie belegtes Backofengitter legen und im vorgeheizten Backofen 40–45 Minuten garen. Anschließend 10 Minuten im ausgeschalteten Ofen ruhen lassen.
- Während das Fleisch gart, die Steckrübe waschen, schälen und grob würfeln. Die Schalotten schälen und klein würfeln. Die Butter in einem Topf erhitzen, Steckrüben- und Schalottenwürfel darin anschwitzen. Mit Salz und Pfeffer würzen. Gemüsebrühe zugeben, alles zugedeckt in ca. 20 Minuten weich garen.
- Das Gemüse anschließend fein pürieren, mit Crème fraîche verfeinern und mit Salz, Pfeffer, Chili, Zucker und etwas Zitronensaft abschmecken.
- Für das Chutney den Sellerie waschen, schälen und klein würfeln. Den Granatapfel halbieren und die Kerne herauslösen.
- Die Zwiebel schälen und klein würfeln. Die Chilischote halbieren, entkernen und klein würfeln. Das Olivenöl in einem Topf erhitzen. Sellerie, Zwiebel, Granatapfelkerne und Chili darin anschwitzen. Mit Zucker bestreuen und karamellisieren lassen. Mit Essig ablöschen und dickflüssig einkochen lassen. Chutney mit Salz und Pfeffer würzen und abkühlen lassen.
- Zum Bratensatz in der Pfanne den Honig und Kardamom geben, kurz aufschäumen lassen. Mit Rotwein ablöschen, Rinderfond angießen und bei milder Hitze 10 Minuten köcheln lassen. Den Sud mit etwas in kaltem Wasser angerührter Speisestärke binden. Sauce mit Salz und Pfeffer würzen. Zuletzt durch ein Sieb passieren.
- Zum Anrichten eine Nocke Püree auf den Teller geben und mit dem Löffel mittig durch die Nocke ziehen. Das Rinderfilet in 4 Scheiben schneiden, je 1 Scheibe neben das Püree legen. Chutney und Sauce herum anrichten.

FÜR 4 PORTIONEN

FÜR DAS FLEISCH

600 g Rinderfilet (Mittelstück)
Salz, Pfeffer, frisch gemahlen
1 EL Butterschmalz
1 TL Honig
3 Kardamomkapseln, zerstoßen
250 ml Rotwein
400 ml Rinderfond (Glas)
1 TL Speisestärke

FÜR DAS STECKRÜBENMUS

600 g Steckrübe
2 Schalotten
30 g Butter
Salz, Pfeffer, frisch gemahlen
100 ml Gemüsebrühe
2 EL Crème fraîche
Chili, frisch gemahlen
1 Pr Zucker
Saft von ½ Zitrone

FÜR DAS CHUTNEY

2 Stangen Staudensellerie
1 Granatapfel
1 Zwiebel
1 kleine Chilischote
(s. Tipp zu Chili auf Seite 19)
1 EL Olivenöl
1 EL Zucker
2 EL Weißweinessig
Salz, Pfeffer, frisch gemahlen

spanische churros mit heißer kardamomschokolade

- 300 ml Wasser und die Butter in einen Topf geben. Salz und Zucker zufügen und einmal aufkochen. Sobald die Butter geschmolzen ist, das Mehl zugeben und mit einem Holzlöffel zu einem dicken Kloß verrühren. Den Teigkloß im Topf so lange rühren, bis sich ein weißer Belag am Topfboden bildet. Topf vom Herd nehmen.
- Die Eier einzeln zugeben und gründlich unterrühren.
- Das Öl in einem Topf auf 170 °C erhitzen. Den Teig in einen Spritzbeutel mit großer Sterntülle füllen.
- 10 cm lange Streifen direkt ins heiße Fett spritzen. Den Teig mit einem Messer an der Spitztülle abschneiden. Churros von beiden Seiten goldbraun ausbacken. Mit einem Schaumlöffel herausnehmen und auf Küchenpapier abtropfen lassen.
- Für die Schokolade die Kardamomsamen grob zerstoßen. Zucker in einem Topf erhitzen und karamellisieren, den Kardamom zugeben. Mit der Sahne aufgießen und einmal aufkochen. Den Topf vom Herd nehmen und das Karamell schmelzen lassen. Anschließend die Schokolade zugeben und unter Rühren darin auflösen.
- Die heiße Schokolade direkt in eine vorgewärmte Tasse füllen und mit den Churros servieren. Die Churros nach Belieben mit Puderzucker bestäuben.

FÜR 4 PORTIONEN

FÜR DIE CHURROS

50 g Butter
1 Pr Salz
30 g Zucker
200 g Mehl
2 Eier
1 l Pflanzenöl zum Frittieren
Puderzucker zum Bestäuben

FÜR DIE SCHOKOLADE

6–10 Kardamomsamen
1 TL Zucker
100 g Sahne
150 g Zartbitterschokolade (70 % Kakaoanteil)
Puderzucker zum Bestäuben

holunderblüte

HOLUNDER (SAMBUCUS NIGRA)

Die verschwenderisch leuchtenden, cremeweißen Blütensternchen des Schwarzen Holunders verströmen im Frühling einen frisch-fruchtigen, unverwechselbaren Duft und haben in kulinarischer Hinsicht einiges zu bieten. In Deutschland kennt man Holunderblüten vorwiegend in der süßen Küche. Doch der Holunder ist vielseitiger. In Frankreich zum Beispiel werden die Blüten ebenso häufig in der herzhaften Küche verwendet. Sie werden mit Fisch, Kaninchen, Lamm, Geflügel und Schweinefleisch kombiniert oder in Chutneys verarbeitet. Ein Blütenauszug mit seinem delikaten Aroma, ob nun in Essig, Sahne oder Alkohol, eignet sich hervorragend zum Verfeinern von süßen und pikanten Gerichten.

Holunderblüten lassen sich auch gut trocknen. Dafür sollten die Blüten bei trockenem Wetter am besten vormittags geerntet, in ganzen Dolden locker gebündelt und kopfüber an einem warmen, trockenen und dunklen Ort aufgehängt getrocknet werden. Diese werden dann anschließend geschüttelt, so dass nur die kleinen Blütensternchen übrig bleiben.

HOLUNDERBLÜTENGELEE

30 g frische oder 15 g getrocknete Holunderblüten
500 g Bio-Gelierzucker 1:1
2 EL Zitronensaft

Die Blüten auf Unversehrtheit und Insekten prüfen und mit 500 ml Wasser aufkochen. Auf der ausgeschalteten Platte ca. ½ Stunde ziehen lassen. Die Blüten abseihen und das Blütenwasser auffangen. Die Blüten dabei gut ausdrücken.
375 ml Blütenwasser abmessen und mit dem Gelierzucker und dem Zitronensaft zum Kochen bringen. Unter Rühren 4 Minuten sprudelnd kochen lassen. Sofort randvoll in sterilisierte, verschließbare Gläser füllen, fest verschließen und für 5 Minuten auf den Deckel gewendet stehen lassen.
Sie können das Gelee anstelle mit Wasser auch mit Weißwein oder Apfelsaft kochen, der Eigengeschmack der Blüten ist dann sehr viel milder.

HOLUNDERBLÜTENESSIG

500 ml Weißweinessig
5–10 Holunderblütendolden

Die Blüten auf Unversehrtheit und Insekten prüfen und locker in ein großes Einmachglas füllen, mit dem Essig aufgießen, so dass die Blüten vollständig bedeckt sind. Das Glas fest verschließen und für ca. 2–3 Wochen an einen warmen, sonnigen Ort stellen. Von Zeit zu Zeit schütteln. Anschließend den Essig filtern und in beschriftete Flaschen füllen. Kühl und dunkel aufbewahren.

HOLUNDERBLÜTENTEE

2 EL getrocknete Holunderblüten

Die getrockneten Holunderblüten mit 150 ml siedendem Wasser übergießen und den Tee 5 Minuten ziehen lassen. Durch ein Haarsieb abgießen. Hilft bei Erkältungskrankheiten. Verfeinern lässt sich der Tee mit zwei Scheiben frischem Ingwer, etwas Zitronen- oder Orangenschale.
TIPP: Blüten kann man auch bei max. 35 °C im Backofen trocknen. Die Backofentür dabei einen Spalt offen lassen. Wenn die Blüten rascheltrocken sind, werden sie in fest schließenden Gläsern kühl, dunkel und trocken aufbewahrt. Sie halten sich etwa 1 Jahr.

HOLUNDERBLÜTENSIRUP

25 große Holunderblütendolden
2 unbehandelte Zitronen, in Scheiben
1,5 kg Zucker
50 g Zitronensäure

Die Dolden ausschütteln, um eventuell vorhandene Insekten zu entfernen. Den groben Stängel abschneiden. Die Dolden mit den Zitronenscheiben in eine Schüssel geben. 1,5 l Wasser zum Kochen bringen und den Zucker einrühren. So lange kochen lassen, bis der Sirup klar ist.
Eine Tasse voll abnehmen und darin die Zitronensäure auflösen. Wieder in den Sirup geben und gut verrühren. Dann alles vorsichtig über die Blüten gießen. 3–5 Tage abgedeckt stehen lassen, hin und wieder umrühren. Danach filtern und in saubere Flaschen füllen.

bunter tomatensalat mit holunderblütendressing und brunnenkresse

- Tomaten waschen, Strunk entfernen und die Tomaten in Scheiben schneiden.
- Holundersirup, -essig und Olivenöl in einer Schüssel verquirlen, mit Salz und Pfeffer abschmecken. Das Dressing über den Tomatenscheiben verteilen und locker unterheben.
- Brunnenkresse abbrausen und trocken schütteln. 100 g der Brunnenkresse fein hacken und mit dem Frischkäse mischen, salzen und pfeffern. Restliche Brunnenkresse beiseite stellen.
- Das Graubrot in grobe Würfel schneiden und mit dem halbierten Knoblauch in einer Pfanne im heißen Olivenöl knusprig braten. Anschließend auf Küchenpapier abtropfen lassen und salzen.
- Zum Anrichten den Tomatensalat auf Tellern verteilen. Die Brunnenkresse-Creme mithilfe zweier Teelöffel zu Nocken formen und um den Salat verteilen. Mit den restlichen Brunnenkresseblättern bestreuen. Mit Salz und Pfeffer bestreut servieren.

FÜR 4 PORTIONEN

FÜR DEN TOMATENSALAT

400 g bunte Tomaten

30 ml Holunderblütensirup

30 ml Holunderblütenessig

50 ml Olivenöl

FÜR DIE BRUNNENKRESSE

150 g feine Brunnenkresseblätter

150 g Frischkäse

Salz, Pfeffer, frisch gemahlen

ZUM SERVIEREN

4 dicke Scheiben Graubrot

1 Knoblauchzehe

3 EL Olivenöl

schweinefiletroulade mit weißem spargel und holunderblütenhollandaise

FÜR 4 PORTIONEN

FÜR DAS FLEISCH

30 g Butter
2 Schalotten, gewürfelt
50 g ganze, ungeschälte Mandeln, gehackt
10 Rosmarinnadeln, gehackt
1 TL getrocknete Holunderblüten
Salz, Pfeffer, frisch gemahlen
1 Schweinefilet, ca. 700 g Mittelstück
2 EL Pflanzenöl

FÜR DEN SPARGEL

2 Schalotten
½ Zitrone
3 weiße Pfefferkörner, zerstoßen
24 Stangen weißer Spargel, geschält

FÜR DIE HOLLANDAISE

3 EL Holunderblütenessig (siehe Seite 25)
200 g Butter
3 Eigelb
Salz, Pfeffer, frisch gemahlen
1 Pr Muskatnuss

- Den Backofen auf 120 °C vorheizen.
- Die Butter in einer Pfanne schmelzen, Schalotten, Mandeln, Rosmarin und die Holunderblüten darin anschwitzen. Mit Salz und Pfeffer würzen und abkühlen lassen.
- Das Schweinefilet von der langen Seite her dünn zu einem großen, flachen Stück aufschneiden, mit Frischhaltefolie belegen und leicht plattieren. Die Folie entfernen, das Fleisch beidseitig mit Salz und Pfeffer würzen und auf der Oberseite gleichmäßig mit der Füllung bestreichen. Das Fleisch zu einer Roulade aufrollen und mit Küchengarn zusammenbinden.
- Das Öl in einer Pfanne erhitzen und die Roulade darin von allen Seiten goldbraun anbraten.
- Die Roulade auf ein mit Alufolie belegtes Backblech legen und im Backofen 20–30 Minuten garen.
- Schalotten halbieren, Zitrone in Scheiben schneiden und beides zusammen mit dem weißen Pfeffer in einen Dämpftopf geben. 3 cm hoch Wasser einfüllen. Spargel im Dämpfeinsatz bei geschlossenem Deckel etwa 15–20 Minuten dämpfen.
- Für die Hollandaise den Holunderblütenessig mit 3 Esslöffeln Spargelsud in einem Topf um die Hälfte einkochen lassen.
- Die Butter in einem Topf bei milder Hitze schmelzen.
- Die Eigelbe mit der Essigreduktion in einer Schüssel verquirlen. Die Schüssel über ein heißes Wasserbad stellen und dickschaumig mindestens 5 Minuten aufschlagen. Schüssel vom Wasserbad nehmen, nach und nach, zuerst teelöffel-, dann esslöffelweise, unter ständigem Rühren die flüssige Butter zugeben und unterschlagen, bis eine standfeste, cremige Hollandaise entstanden ist. Mit Salz, Pfeffer und Muskatnuss abschmecken.
- Zum Anrichten das Küchengarn entfernen und das Schweinefilet in Scheiben schneiden. Spargel und Fleisch auf Tellern anrichten und großzügig mit der Hollandaise beträufeln.
- Dazu passt ein Kartoffelgratin.

crêpes mit holunderblütenschaum und schokoladen-holunderblütensauce

- Aus Eiern, Milch, Mehl, Salz und Vanillezucker einen glatten Crêpes-Teig anrühren, abgedeckt 10 Minuten ruhen lassen.
- Eine flache, beschichtete Pfanne mit Butter ausstreichen, jeweils eine kleine Kelle Teig hineingeben. Unter Schwenken der Pfanne den Teig gleichmäßig verteilen. Crêpe wenden und auf der zweiten Seite kurz braten. So fortfahren, bis der Teig aufgebraucht ist.
- Für den Schaum die Gelatine 5 Minuten in kaltem Wasser einweichen. 50 ml Holunderblütensirup in einem Topf erwärmen und die gut ausgedrückte Gelatine darin auflösen.
- Den Quark mit dem restlichen Sirup verrühren, die aufgelöste Gelatine unterrühren.
- Die Eiweiße mit dem Salz steif schlagen und vorsichtig unter die Quarkmasse heben. Die Sahne steif schlagen und ebenfalls unter die Creme heben. Die Creme in eine flache Form füllen und abgedeckt 2–3 Stunden kalt stellen.
- Die Creme in einen Spritzbeutel mit großer Lochtülle füllen.
- Für die Sauce den Holunderblütensirup in einem Topf erwärmen, nicht aufkochen. Die Schokolade klein hacken und in dem Sirup schmelzen, anschließend glattrühren.
- Zum Anrichten die Crêpes mit dem Quarkschaum füllen und zusammenfalten. Auf Tellern anrichten, mit Puderzucker bestäuben und mit der Schokosauce beträufeln.

FÜR 4 PORTIONEN

FÜR DIE CRÊPES

3 Eier
200 ml Milch
100 g Mehl
1 Pr Salz
1 TL Vanillezucker
Butter zum Braten

FÜR DEN SCHAUM

2 Blatt Gelatine
100 ml Holunderblütensirup
250 g Magerquark
2 Eiweiß
1 Pr Salz
150 g Schlagsahne

FÜR DIE SAUCE

75 ml Holunderblütensirup
50 g dunkle Schokolade, gehackt
Puderzucker zum Bestäuben

veilchen

VEILCHEN (VIOLA ODORATA)

Das Veilchen als Symbol der jungen Liebe hat nicht nur Dichter inspiriert, es ist auch eine kulinarische Delikatesse. Seine violetten Blüten bestechen durch ihren betörenden Duft. Sowohl frisch als auch konserviert sind die zarten Märzveilchen ausgesprochen köstlich. Frisch verleihen sie jedem Frühlingssalat Aroma und Farbe, kandiert oder verzuckert bereichern sie vor allem Kuchen, Süßspeisen und Desserts. Werden die Veilchenblüten sorgfältig getrocknet, bewahren sie sowohl ihre Farbe als auch ihren charakteristischen Duft. Hierfür pflückt man die Blüten kurz vor dem Aufblühen ohne Stiel und trocknet sie in einem luftigen, warmen Raum.

Leider stehen frische Veilchen nur eine kurze Zeit im Jahr zur Verfügung, doch auch die nahen Verwandten, das Hornveilchen und das Stiefmütterchen, sind essbar. Zwar verfügen sie nicht über das charakteristische Aroma der Duftveilchen, dafür sind sie farbenfreudiger und schenken größere Blüten.

VERZUCKERTE VEILCHEN

Frisch gepflückte Veilchenblüten
1 Eiweiß
50 g extrafeiner Zucker

Die Blüten verlesen. Das Eiweiß und den Zucker in getrennte Schüsseln geben und die einzelnen Blüten mit einem weichen Pinsel sorgfältig auf beiden Seiten mit dem Eiweiß bestreichen. Die Blätter dabei nicht zu feucht machen. Anschließend jedes Blütenblatt sorgfältig mit feinstem Kristallzucker bestreuen und überschüssigen Zucker vorsichtig abschütteln. Die überzuckerten Blüten auf einem Kuchengitter in der warmen Küche trocknen lassen, bis sie sich glashart anfühlen, was bis zu 2 Tage dauern kann. Zum Verzieren von Desserts, Torten und Kleingebäck.

VEILCHENESSIG

30 einzelne oder 1 Handvoll blaue Duftveilchenblüten
200 ml milder Weißweinessig

Die Blüten verlesen. Weißweinessig mit den Blüten in ein fest verschließbares Glas geben, schütteln und für etwa 4 Wochen auf einer sonnigen Fensterbank ziehen lassen. Von Zeit zu Zeit durchschütteln. Sobald sich der Essig blau gefärbt hat, die Flüssigkeit durch ein Sieb gießen. Veilchenessig eignet sich zur Zubereitung von Salatsaucen; er passt aber auch gut zu Meeresfrüchten und gegrilltem Gemüse.

VEILCHENCONFIT

4 Handvoll Duftveilchenblüten
500 g Bio-Gelierzucker 1:1
Saft von 1 unbehandelten Zitrone

Die Veilchenblüten verlesen und etwa ein Viertel davon beiseite legen. Die restlichen Blüten in ½ l kaltem Wasser ansetzen, einmal aufkochen und ca. 24 Stunden ziehen lassen. Dann abseihen und die Blüten dabei gut ausdrücken. 375 ml Sud abmessen und mit dem Gelierzucker, den beiseite gelegten Veilchenblüten und dem Zitronensaft zum Kochen bringen und unter Rühren 4 Minuten sprudelnd kochen lassen. Sofort randvoll in sterilisierte, verschließbare Gläser füllen, fest verschließen und für 5 Minuten auf den Deckel gewendet stehen lassen.

HEIDELBEER-VEILCHEN-KONFITÜRE

40 g frische oder 20 g getrocknete Duftveilchenblüten
500 g Heidelbeeren, frisch oder tiefgekühlt
500 g Bio-Gelierzucker 1:1
4 EL Zitronensaft

Die Blütenblätter auf Unversehrtheit und Insekten prüfen. Veilchenblüten, Heidelbeeren, Gelierzucker und Zitronensaft in einem Topf gut mischen und zugedeckt 2 Stunden durchziehen lassen. Dann aufkochen und unter Rühren 4 Minuten sprudelnd kochen lassen. Die Konfitüre eventuell abschäumen und sofort randvoll in sterilisierte, verschließbare Gläser füllen, fest verschließen und für 5 Minuten auf den Deckel gewendet stehen lassen.

lachstatar mit veilchen-orangen-vinaigrette

- Lachsfilet fein würfeln und in eine Schüssel geben. Schalotten schälen und klein würfeln, zum Lachs geben. Mit fein geriebener Limettenschale und etwas Limettensaft sowie Olivenöl verrühren. Tatar mit Salz und Pfeffer abschmecken.
- Zum Formen Metallringe (ca. 7 cm Durchmesser) leicht ölen und je ein Viertel der Masse in einen Ring füllen. Etwas andrücken. Crème fraîche mit Salz, Pfeffer und etwas Limettensaft würzen und auf das Lachstatar streichen.
- Schnittlauch in feine Ringe schneiden. Tatar bis zum Anrichten kalt stellen.
- Für die Vinaigrette die Hälfte der Orangenschale mit einem Zestenreißer in langen, dünnen Fäden abziehen. Die Orange anschließend halbieren und eine Hälfte so schälen, dass die weiße Haut entfernt ist. Das Fruchtfleisch in kleine Würfel schneiden. Die andere Hälfte auspressen. Saft in einen Topf geben, Orangenzesten, Veilchenblüten und Honig zufügen und bei milder Hitze um die Hälfte einkochen lassen. Mit Salz und Pfeffer würzen.
- Olivenöl unterrühren, Orangenwürfel zugeben und die Vinaigrette abkühlen lassen.
- Zum Anrichten die Ringe vom Lachstatar entfernen und das Tatar auf Teller setzen, mit Schnittlauch bestreuen und die Orangen-Veilchen-Vinaigrette großzügig herum verteilen. Dazu passt hervorragend frisches Baguette.

FÜR 4 PORTIONEN

FÜR DAS TATAR

600 g frisches Lachsfilet, ohne Haut und Gräten
2 Schalotten
Schale und Saft von 1 unbehandelten Limette
2 EL Olivenöl
Salz, Pfeffer, frisch gemahlen
150 g Crème fraîche
1 Bund Schnittlauch

FÜR DIE VINAIGRETTE

1 unbehandelte Orange
ca. 10 getrocknete Duftveilchenblüten
1 TL Honig
Salz, Pfeffer, frisch gemahlen
3 EL Olivenöl

geschmorte ochsenbeinscheibe mit veilchenconfit und schwarzwurzel-kartoffel-gemüse

FÜR 4 PORTIONEN

FÜR DAS FLEISCH

- 4 Ochsenbeinscheiben, à ca. 250–300 g
- Salz, Pfeffer, frisch gemahlen
- 1–2 EL Mehl
- 3 EL Rapsöl
- 1 Bund Suppengemüse
- 2 Zwiebeln
- 2 EL Tomatenmark
- 300 ml trockener Rotwein
- 1 Lorbeerblatt
- 30 g Butter
- 2 EL Veilchenconfit (siehe Seite 33)

FÜR DAS GEMÜSE

- 300 g festkochende Kartoffeln
- 1 EL Rapsöl
- 30 g Butter
- 8 Stangen Schwarzwurzeln
- 4 Stiele glatte Petersilie
- Salz, Pfeffer, frisch gemahlen

— Den Backofen auf 160 °C vorheizen.

— Die Ochsenbeinscheiben mit Salz und Pfeffer würzen und leicht mit Mehl bestäuben. Rapsöl in einem großen Bräter erhitzen und die Scheiben darin von beiden Seiten jeweils 3–4 Minuten anbraten.

— In der Zwischenzeit das Gemüse und die Zwiebeln putzen, waschen, falls nötig schälen und in walnussgroße Würfel schneiden.

— Fleisch aus dem Bräter nehmen. Das Gemüse in den Bräter geben und unter Rühren anrösten. Tomatenmark mit der Hälfte des Rotweins verrühren und über das Gemüse gießen. Unterrühren und einkochen lassen, bis die gesamte Flüssigkeit verkocht ist und am Boden ein brauner Bratensatz entsteht. Restlichen Rotwein angießen und erneut einkochen und schmoren lassen.

— Mit etwa 1 l Wasser aufgießen, Bratensatz lösen und das Fleisch zugeben. Lorbeer zufügen und mit Salz und Pfeffer würzen.

— Im vorgeheizten Backofen 2,5–3 Stunden schmoren. Dabei das Fleisch gelegentlich wenden. Es ist gar, wenn es sich leicht vom Knochen lösen lässt.

— Das Fleisch aus der Sauce nehmen und warm stellen. Sauce durch ein Sieb passieren, aufkochen und ggf. nochmals mit Salz und Pfeffer abschmecken. Mit Butter und Veilchenconfit verfeinern.

— Kartoffeln waschen, schälen und in 1 cm große Würfel schneiden. Rapsöl und Butter in einer Pfanne erhitzen und die Kartoffelwürfel darin goldbraun und knusprig anbraten.

— In der Zwischenzeit die Schwarzwurzeln mit einer Bürste unter fließendem Wasser gründlich abbürsten, in dünne Scheiben schneiden und in kaltes Wasser legen.

— Sobald die Kartoffeln knusprig braun sind, die gut abgetropften Schwarzwurzeln zugeben, alles mit Salz und Pfeffer würzen und 2–3 Minuten weiter garen. Frisch gehackte Petersilie unterschwenken.

— Zum Anrichten das Gemüse auf Tellern verteilen, das Fleisch anlegen und mit der Sauce beträufelt servieren. Restliche Sauce separat reichen.

schokoladenhippen mit veilchencreme und beeren

- Mehl, Kakaopulver und Puderzucker in eine Schüssel sieben. Butter, Eiweiß und Salz zugeben und zu einer glatten Masse verrühren.
- Den Backofen auf 180 °C vorheizen.
- Aus einer Pappe eine Schablone mit einem Kreis von 10 cm Durchmesser ausschneiden. Ein Backblech mit Backpapier oder einer Silikonbackmatte auslegen. Mithilfe der Schablone und eines Palettenmessers dünne Teigkreise aufstreichen und im vorgeheizten Backofen unter Aufsicht 2–3 Minuten backen. Herausnehmen und abkühlen lassen. So fortfahren, bis 16 Schokoladenhippen entstanden sind.
- Für die Creme die Veilchen in einem Mörser grob zerstoßen. Magerquark, Mascarpone und Zucker verrühren und mit der Zitronenschale verfeinern.
- Gelatine 5 Minuten in kaltem Wasser einweichen. Milch erwärmen und die gut ausgedrückte Gelatine darin auflösen. Gelatinemilch unter die Quarkmasse rühren, Veilchenconfit und zerstoßene Veilchen unterheben. Masse in eine flache Form füllen, abdecken und 2 Stunden kalt stellen.
- Anschließend in einen Spritzbeutel mit großer Lochtülle füllen.
- Die Beeren abbrausen und verlesen. Ein Drittel der Beeren mit dem Puderzucker und dem Zitronensaft fein pürieren. Die Hälfte der restlichen Beeren mit den pürierten Beeren marinieren.
- Zum Anrichten die Hippenblätter mit der Creme und den übrig gebliebenen ganzen Beeren abwechselnd aufeinander schichten. Die marinierten Beeren mit der Sauce daneben anrichten. Mit etwas Veilchenzucker bestäuben und sofort servieren.

FÜR DIE HIPPEN

45 g Mehl
1 TL entöltes Kakaopulver
50 g Puderzucker
50 g Butter, zerlassen
1 Eiweiß
1 Pr Salz

FÜR DIE VEILCHENCREME

6–8 kandierte Veilchen (siehe Seite 33)
150 g Magerquark
150 g Mascarpone
50 g Zucker
Fein abgeriebene Schale von ½ unbehandelten Zitrone
3 Blatt Gelatine
50 ml Milch
2 EL Veilchenconfit (siehe Seite 33)

FÜR DIE BEEREN

250 g gemischte Beeren (z.B. Heidel-, Him-, Johannis-, Brom-, Erdbeeren)
1 EL Puderzucker
Saft von 1 unbehandelten Zitrone
Veilchenzucker (Herstellung wie Rosenblütenzucker, siehe Seite 57)

ingwer

INGWER (ZINGIBER OFFICINALE)

Ingwer ist unglaublich vielseitig und verleiht mit seinem unverwechselbaren Aroma jedem Gericht das gewisse Etwas. Sein zitrusartiger, gleichzeitig aber auch sehr scharfer Geschmack wärmt von innen und gibt vielen Produkten eine neue Würze. Er ist unentbehrlich in asiatischen Gerichten, passt aber zu allen Fleisch-, Fisch- und Gemüsesorten und versorgt auch Süßes mit einem exotischen Frischekick. Ingwer sollte man in der Küche nur als frische Wurzel verwenden, auch wenn das Schälen, Reiben oder Hacken etwas Mühe macht. Außerdem sollte er immer möglichst dünn geschält werden, da die meisten wertvollen Inhaltsstoffe direkt unter der Schale sitzen. Er muss übrigens nicht geschält werden, wenn man ihn in einem Gericht in Scheiben geschnitten nur mitziehen lässt und vor dem Servieren wieder entfernt. Auch gilt: je länger er mitkocht, umso schärfer wird das Essen.

SÜSS-SAURE INGWER-CHILI-SAUCE

50 g Ingwer

2 große rote Chilischoten

1 TL Koriandersamen

100 ml Reisessig

200 g Rohrzucker

1–1 ½ TL feines Meersalz

Ingwer schälen und in Streifen schneiden. Chilischoten waschen, entstielen und in feine Ringe schneiden. Beides zusammen mit den restlichen Zutaten und 200 ml Wasser in einem Topf erhitzen und 10 Minuten bei mittlerer Hitze köcheln lassen. In saubere Flaschen abfüllen und im Kühlschrank aufbewahren.

EINGELEGTER INGWER

100 g frischer Ingwer

50 g Rohrzucker

75 ml Reisessig

1 Pr Salz

Den Ingwer schälen, in hauchdünne Streifen schneiden und in ein sauberes Schraubglas geben. Zucker, Reisessig und Salz in einer Schüssel verrühren, bis sich Zucker und Salz aufgelöst haben. Die Flüssigkeit über den Ingwer gießen, Glas verschließen und gut schütteln. 1 Woche im Kühlschrank ziehen lassen.

INGWERGELEE

200 g frischer Ingwer

500 ml Weißwein

500 g Bio-Gelierzucker 1:1

Ingwer schälen und in kleine Würfel schneiden. Ingwer und Weißwein aufkochen, 5 Minuten köcheln lassen. Den Sud 30 Minuten ziehen lassen, anschließend abseihen. 375 ml Ingwerwein abmessen und mit dem Gelierzucker zum Kochen bringen und unter Rühren 4 Minuten sprudelnd kochen lassen. Sofort randvoll in sterilisierte, verschließbare Gläser füllen, fest verschließen und für 5 Minuten auf den Deckel gewendet stehen lassen.

INGWERSALZ MIT ZITRONE

50 g Ingwer

Fein abgeriebene Schale von 1 unbehandelten Zitrone

150 g Meersalz

1 TL Wasabi-Pulver

Ingwer schälen, fein würfeln und mit den restlichen Zutaten mischen. Auf eine Platte streuen und einen Tag trocknen lassen. Anschließend in ein Glas füllen und dunkel und trocken lagern. Passt gut zu Geflügel, Fisch und Meeresfrüchten.

tomaten-papaya-salat mit ingwer und focaccia

- Mehl in eine große Schüssel geben und eine Mulde in die Mitte drücken. Lauwarmes Wasser und die zerbröckelte Hefe verquirlen und in die Mehlmulde gießen. Mit einem Teil des Mehls zu einem dickflüssigen Brei verrühren. Abgedeckt 15 Minuten gehen lassen.
- Anschließend Salz und Olivenöl zugeben und alles zu einem glatten Teig verkneten. Abgedeckt 30 Minuten gehen lassen.
- Den Teig nochmals durchkneten, halbieren und zu zwei Fladen formen. Teigfladen auf ein mit Backpapier belegtes Backblech legen. Abgedeckt nochmals 30 Minuten gehen lassen.
- Den Backofen auf 200 °C vorheizen. Die Teigfladen mit den Fingerspitzen mehrmals eindrücken, mit Olivenöl beträufeln und mit dem Ingwersalz bestreuen.
- Im vorgeheizten Backofen 15–20 Minuten backen.
- Tomaten waschen, Haut kreuzweise einritzen, Blütenansatz entfernen. Die Tomaten einige Sekunden in kochendem Wasser blanchieren, in Eiswasser abschrecken und die Haut abziehen. Tomaten vierteln und entkernen.
- Papaya schälen, entkernen und in Spalten schneiden. Zwiebel schälen und in Spalten schneiden.
- Macadamianüsse in einer Pfanne ohne Fett goldbraun rösten, abkühlen lassen und grob hacken.
- Rucola putzen, waschen, trocken schleudern und mit den restlichen Zutaten in einer Schüssel locker mischen.
- Für das Dressing den Ingwer schälen und fein reiben. Honig in einer Pfanne aufschäumen, Ingwer zugeben und kurz darin erwärmen. Pfanne vom Herd nehmen, mit Weißweinessig aufgießen und unterrühren. Beide Ölsorten zugeben, mit Salz und Pfeffer würzen.
- Dressing über dem Salat verteilen, Korianderblättchen zugeben und vorsichtig untermischen. Den Salat auf Tellern anrichten.
- Die Focaccia in Stücke schneiden und zum Salat servieren.

FÜR 4 PORTIONEN

FÜR DIE FOCCACIA

300 g Mehl
170 ml lauwarmes Wasser
½ Würfel frische Hefe
½ TL Salz
2 EL Olivenöl + etwas zum Beträufeln
Ingwersalz zum Bestreuen (siehe Seite 41)

FÜR DEN SALAT

4 Strauchtomaten
1 Papaya
1 rote Zwiebel
50 g Macadamianüsse
100 g Rucola

FÜR DAS DRESSING

30 g frischer Ingwer
1 EL Honig
3 EL Weißweinessig
1 EL Sesamöl
2 EL Olivenöl
Salz, Pfeffer, frisch gemahlen
8 Stiele Koriander

flusskrebsravioli mit ingwer-zitronengrasschaum auf blattspinat

- Aus Mehl, Eiern, 1 Esslöffel Olivenöl und Salz einen elastischen Nudelteig herstellen, je nach Beschaffenheit des Teiges 1–2 Esslöffel kaltes Wasser hinzufügen. Mindestens 5 Minuten kräftig durchkneten, in Frischhaltefolie wickeln und 2 Stunden kalt stellen.
- 2 Esslöffel Olivenöl in einer Pfanne erhitzen, Schalotten, Knoblauch und Thymian darin anschwitzen. Die Flusskrebse zugeben, kurz erwärmen. Salzen und pfeffern. Die Petersilie untermischen.
- Den Nudelteig auf bemehlter Arbeitsfläche zu langen, dünnen Bahnen ausrollen. Die Füllung in kleinen Portionen im Abstand von 5 cm auf den Nudelbahnen verteilen. Ränder mit Eigelb einstreichen und eine zweite Teigbahn darauflegen. Gut andrücken. Dann zwischen den Füllungen auseinanderschneiden. Auf diese Weise 8–12 Ravioli herstellen.
- Für den Schaum das Olivenöl erhitzen, Ingwer, Zitronengras, Schalotten und das Kaffir-Limettenblatt darin anschwitzen. Mit Weißwein ablöschen und zur Hälfte einkochen lassen. Gemüsebrühe und Sahne angießen und 10 Minuten köcheln lassen. Mit Salz, Pfeffer, Chili und Zucker würzen. Mit etwas Limettenschale und -saft verfeinern. Kaffir-Limettenblatt und Zitronengras entfernen und die Sauce mit einem Pürierstab schaumig aufmixen. Die Butter zugeben und untermixen.
- Die Ravioli in reichlich leicht gesalzenem Wasser 2–3 Minuten garen.
- Für den Spinat die Butter in einer Pfanne erhitzen, Schalotten und Knoblauch darin anschwitzen. Blattspinat zugeben und kurz darin schwenken. Mit Salz und Muskatnuss würzen.
- Zum Anrichten den Spinat auf Tellern verteilen, je 2–3 Ravioli daraufgeben und mit der frisch aufgeschäumten Sauce beträufeln.

FÜR 4 PORTIONEN

FÜR DIE RAVIOLI

200 g Instant-Mehl
2 Eier
3 EL Olivenöl
2 Pr Salz
2 Schalotten, gewürfelt
1 Knoblauchzehe, gewürfelt
1 TL Thymianblättchen
150 g gekochtes Flusskrebsfleisch, gehackt
Salz, Pfeffer, frisch gemahlen
4 Stiele glatte Petersilie, fein gehackt
Mehl zum Bearbeiten, 1 Eigelb

FÜR DEN SCHAUM

1 EL Olivenöl
50 g Ingwer, fein gerieben
2 Stangen Zitronengras, flach geklopft
2 Schalotten, gewürfelt
1 Kaffir-Limettenblatt
100 ml Weißwein
400 ml Gemüsebrühe
200 g Sahne
Salz, Pfeffer, Chili, frisch gemahlen, Zucker
Schale und Saft von 1 unbehandelten Limette
30 g kalte Butter

FÜR DEN SPINAT

30 g Butter
2 Schalotten, gewürfelt
1 Knoblauchzehe, gewürfelt
400 g junger Blattspinat
Salz, Muskatnuss, frisch gemahlen

apfel-blätterteigtörtchen mit ingwersabayon

- Butter, Zucker und Zimt in einem Topf erhitzen und zu einem hellgelben Karamell kochen.
- Die Äpfel waschen, schälen, entkernen und in Spalten schneiden.
- Den Backofen auf 180 °C vorheizen.
- 4 Tartelette-Förmchen mit ca. 12 cm Durchmesser buttern, das Karamell in den Formen verteilen und die Äpfel kreisrund darin auslegen. Den Blätterteig auf die Größe der Förmchen ausstechen und auf die Äpfel legen. Die Ränder nach innen schlagen, so dass die Äpfel gut eingehüllt sind.
- Im vorgeheizten Backofen 15–20 Minuten backen. Herausnehmen und 10 Minuten abkühlen lassen. Die Ränder vorsichtig lösen und die Törtchen stürzen.
- Den Ingwer schälen und fein reiben. Mit dem Zucker und dem Weißwein in einem Topf sirupartig einkochen lassen.
- Die Eigelbe und die heiße Ingwermischung in einer Schüssel verrühren. Über einem heißen Wasserbad dickschaumig aufschlagen.
- Die Törtchen auf Tellern anrichten und mit der Sabayon großzügig begießen. Nach Belieben mit Puderzucker bestäuben.

TIPP: Die Förmchen mit Backpapier auslegen, dann löst sich die Tarte besser aus der Form.

FÜR 4 PORTIONEN

FÜR DIE TÖRTCHEN

50 g Butter
50 g Zucker
1 Msp Zimt
3 mittelgroße säuerliche Äpfel, z.B. Boskoop
1 Rolle frischer Blätterteig
Butter für die Form

FÜR DIE SABAYON

30 g Ingwer
50 g Zucker
100 ml Weißwein
2 Eigelb
Puderzucker zum Bestäuben

minze

MINZE (MENTHA SPICATA UND MENTHA PIPERITA)

Minzen mit ihrem süßen Duft und dem gleichzeitig kühlenden und scharfen Aroma gehören zu den weltweit beliebtesten Küchenkräutern. Die beiden kulinarisch bedeutendsten sind die Grüne Minze mit ihrem erfrischenden, süßlich-scharfen Aroma und die Pfefferminze, die sehr viel Menthol enthält und hauptsächlich für Tee und Getränke verwendet wird.

Die orientalische Küche kennt vielfältige Verwendungsmöglichkeiten der Minze in Vorspeisen, zu gegrillten Fleischspießen und in Desserts. Außerdem passt sie wegen ihrer leicht kühlenden Wirkung ganz hervorragend zu Eis, Joghurt und Schokolade.

Am besten verarbeitet man Minze frisch, dann kommt ihr herrliches Aroma voll zur Geltung. Sie lässt sich aber auch gut trocknen, ihr Aroma ist dann allerdings etwas schärfer und konzentrierter und es fehlt die Süße der frischen Minze. Um dieses Aroma zu lösen, sollte man die getrockneten Blätter in etwas warmer Flüssigkeit ziehen lassen.

MINZJOGHURT

1 Bund Minze

500 g Griechischer Joghurt

Fein abgeriebene Schale und Saft von 1 unbehandelten Limette

Salz, Pfeffer, frisch gemahlen

Die Minze abbrausen und die Blätter fein hacken. Den Joghurt mit der Minze, dem Limettensaft und der Limettenschale verrühren. Mit Salz und Pfeffer würzen. Passt sehr gut zu Gegrilltem, Gemüse oder als Brotaufstrich.

PFEFFERMINZZUCKER

1 Bund frische Pfefferminze

200 g Zucker

Schale von ½ unbehandelten Orange

Die Pfefferminzblätter waschen und trocken tupfen. Zusammen mit dem Zucker und der Orangenschale in einem Mörser fein zerreiben. Den feuchten Pfefferminzzucker auf einem Backblech verteilen. Den Ofen auf 50 °C erwärmen, dann ausschalten und das Backblech hineinschieben. 2 Stunden trocknen lassen. Anschließend grob zerbröseln oder in einer Küchenmaschine fein mahlen. In Gläser füllen und verschließen.

ROSEN-MINZ-TEE

50 g getrocknete Duftrosenblütenblätter

50 g getrocknete Pfefferminzblätter

Die Rosenblüten- und Pfefferminzblätter von Hand grob zerreiben, mischen und in einer gut schließenden Dose aufbewahren. Für 1 Tasse Tee ½ Teelöffel der Mischung mit 150 ml heißem Wasser übergießen, 2–3 Minuten ziehen lassen und abseihen. Der Rosen-Minz-Tee ist sehr magenfreundlich und verdauungsfördernd, also ideal nach einer üppigen Mahlzeit.

ZITRONEN-LIMONADE MIT FRISCHER MINZE

80 g Rohrzucker

20 große Blätter von frischer Minze

Saft von 2 unbehandelten Zitronen

Den Zucker mit 80 ml Wasser in einem Topf aufkochen, bis der Zucker aufgelöst ist und weitere 5 Minuten köcheln lassen. Die Minzblätter im Mörser grob zerreiben und in den heißen Zuckersirup geben. 30 Minuten ziehen lassen und dann durch ein feines Sieb gießen, die Minzblätter dabei gut ausdrücken. Den Zitronensaft zum Sirup gießen. Nach Geschmack mit kaltem Wasser aufgießen und kühl stellen.
TIPP: Der Sirup eignet sich auch sehr gut zum Verfeinern von Sekt.

erdbeer-tomaten-gazpacho mit minze und blauschimmel-zigarre

- Die Tomaten waschen, die Haut kreuzweise einritzen und den Blütenansatz entfernen. Die Tomaten für etwa 10 Sekunden in kochendem Wasser blanchieren, in Eiswasser abschrecken und abtropfen lassen. Die Haut abziehen, die Tomaten vierteln und entkernen.
- Die Erdbeeren abbrausen, abtropfen lassen und putzen. Vier Tomatenviertel und vier Erdbeeren beiseitelegen. Die restlichen Erdbeeren grob zerkleinern und mit den Tomatenvierteln in eine Schüssel geben. Mit Zucker, Limettenschale und -saft marinieren. Vier Minzstiele zur Dekoration beiseitelegen. Die restlichen Minzstiele zugeben. Mit etwas Salz und Pfeffer würzen, alles gut untermischen und 2 Stunden durchziehen lassen.
- Marinierte Erdbeeren und Tomaten kurz vor dem Servieren in einen hohen Mixbecher geben, Minze entfernen und den Gazpacho fein pürieren. Mit Salz, Pfeffer und etwas Chili abschmecken und kalt stellen.
- Für die Zigarre den Blauschimmelkäse mit einer Gabel zerdrücken. Das Weißbrot klein würfeln und unter den Käse mischen. Mit Pfeffer würzen. Die Masse in einen Spritzbeutel füllen.
- Die Frühlingsrollenblätter ausbreiten, im unteren Drittel eine lange Bahn Käse aufspritzen. Die Seitenränder mit Wasser bestreichen und die Blätter zu einer dünnen Zigarre aufrollen.
- Pflanzenöl in einer Pfanne oder einen Topf etwa 2 cm hoch einfüllen und erhitzen. Die Frühlingsröllchen darin schwimmend goldbraun ausbacken. Auf Küchenpapier abtropfen lassen.
- Die restlichen Tomatenviertel und Erdbeeren klein würfeln. Die Hälfte der beiseitegelegten Minze in feine Streifen schneiden und mit den Tomaten- und Erdbeerwürfeln mischen. Gazpacho in 4 Gläser füllen, Erdbeeren und Tomaten zugeben und mit etwas frisch gemahlenem Pfeffer bestreuen. Die Zigarre anlegen, Minzstiele zur Dekoration dazulegen und servieren.

FÜR 4 PORTIONEN

FÜR DEN GAZPACHO

500 g reife Strauchtomaten
500 g Erdbeeren
1 TL Zucker
Fein abgeriebene Schale und Saft von 1 unbehandelten Limette
1 Bund Minze
Salz, Pfeffer, Chili, frisch gemahlen

FÜR DIE BLAUSCHIMMEL-ZIGARRE

100 g Blauschimmelkäse (z.B. Roquefort oder Gorgonzola)
100 g Weißbrot (ohne Rinde)
4 Frühlingsrollenblätter
Pflanzenöl zum Ausbacken
Pfeffer, frisch gemahlen

auf minze gedämpfter heilbutt mit pak choi und limettenreis

- Den Reis in ein Sieb geben und unter fließendem Wasser abspülen. Die Limette heiß abspülen, die Schale mit einem Sparschäler dünn abschälen und in feine Streifen schneiden. Die Limette halbieren. Den Reis mit 220 ml Wasser, den Limettenhälften und dem Salz in einen Topf geben, einmal aufkochen. Auf kleinster Stufe bei geschlossenem Deckel 15–18 Minuten gar ziehen lassen.
- In der Zwischenzeit Zucker, Reisessig, 2 Esslöffel Wasser und die Limettenzesten in einem kleinen Topf erhitzen und bei mittlerer Hitze einkochen lassen.
- Den fertig gegarten Reis mit einer Gabel auflockern, die Limettenhälften entfernen und die Limettenzesten unterrühren.
- Während der Reis kocht, die Heilbuttfilets waschen, trocken tupfen und auf ein Dämpfsieb legen. Den Backofen auf 80 °C vorheizen.
- Die Gemüsebrühe in einen Dämpftopf füllen, Minze zugeben, den Sud einmal aufkochen.
- Das Dämpfsieb in den Topf setzen, mit einem Deckel verschließen. Bei kleiner Hitze auf etwa 70 °C erhitzen und den Fisch 10 Minuten dämpfen. Der Sud sollte nicht kochen, nur leicht sieden. Den Fisch im vorgeheizten Ofen warm stellen.
- Die Hälfte des Suds (etwa 400 ml) durch ein Sieb in einen Topf gießen, die Sahne zugeben und 10 Minuten köcheln lassen. Mit Salz und Pfeffer würzen. Kurz vor dem Servieren die Butter zugeben und schaumig aufmixen.
- Den Pak Choi putzen, waschen, gut abtropfen lassen und der Länge nach vierteln. Die Schalotten und den Knoblauch schälen und klein würfeln.
- Das Sesamöl in einer Pfanne erhitzen, Schalotten, Knoblauch und Pak Choi darin anbraten. Mit Sojasauce ablöschen, mit Salz und Pfeffer würzen und mit dem Sesam verfeinern.

TIPP: Für die Gemüsebrühe 1 Bund kleingeschnittenes Suppengrün mit 1,2 l Wasser aufkochen und ca. 2 Stunden köcheln lassen. Abseihen.

FÜR 4 PORTIONEN

FÜR DEN LIMETTENREIS

150 g Basmatireis
1 unbehandelte Limette
1 Pr Salz
1 TL Zucker
2 EL Reisessig (alternativ Weißweinessig)

FÜR DEN FISCH

4 Heilbuttfilets, à ca. 160 g (ohne Haut)
1 l Gemüsebrühe
2 EL getrocknete Minzblätter (z.B. Minztee)
150 g Sahne
Salz, Pfeffer, frisch gemahlen
50 g Butter

FÜR DEN PAK CHOI

8 Mini-Pak-Choi
2 Schalotten
½ Knoblauchzehe
1 EL Sesamöl
2 EL Sojasauce
1 TL helle Sesamsamen

mango-panna-cotta mit orangen-minz-pesto und mandelkrokant

- Die Mango schälen, das Fruchtfleisch vom Stein lösen und fein pürieren.
- Das Püree (ca. 200 g) mit Joghurt und Sahne verrühren. Gelatine 5 Minuten in kaltem Wasser einweichen.
- Mangosaft erwärmen, die gut ausgedrückte Gelatine darin auflösen und unter die restliche Masse rühren.
- Mit Zitronensaft und Honig abschmecken und in 4 Portionsschälchen füllen. 2 Stunden im Kühlschrank fest werden lassen.
- Die Minze abbrausen, die Blätter von den Stielen zupfen und zusammen mit Orangenschale und -saft, den Mandeln und dem Rapsöl zu einer feinen Paste mixen. Mit etwas Zucker abschmecken.
- Den Backofen auf 180 °C vorheizen. Für den Krokant die Butter zerlassen und etwas abkühlen lassen. Dann mit Mehl, Eiweiß, Zucker und Mandeln zu einer glatten Masse verrühren. Mandelmasse in einen Spritzbeutel mit kleiner Lochtülle füllen.
- Die Masse in dünnen, 10 cm langen Streifen auf ein mit Backpapier belegtes Backblech spritzen und im vorgeheizten Ofen 5–8 Minuten lang goldbraun backen. Anschließend abkühlen lassen.
- Zum Anrichten die Panna cotta stürzen. Dafür am Rand mit einem dünnen, spitzen Messer entlangfahren oder die Form kurz in heißes Wasser tauchen.
- Das Orangen-Minz-Pesto mit einem breiten Pinsel auf den Teller streichen und die Panna cotta mittig darauf platzieren. Mit dem Mandelkrokant garnieren. Nach Belieben mit Minzblättchen dekorieren.

TIPP: Das übrig gebliebene Pesto können Sie in ein Schraubglas füllen und mit Rapsöl bedecken. Es hält sich so im Kühlschrank etwa 1 Woche. Probieren Sie es auch zu Obstsalat, Joghurt, Tee oder Käsekuchen.

FÜR 4 PORTIONEN

FÜR DIE PANNA COTTA

1 reife Mango
100 g Griechischer Joghurt
100 g Sahne
5 Blatt Gelatine
100 ml Mangosaft
Saft von 1 unbehandelten Zitrone
1 EL flüssiger Honig

FÜR DAS PESTO

1 Bund Minze
Fein abgeriebene Schale und Saft von ½ unbehandelten Orange
50 g ganze geschälte Mandeln
50 ml Rapsöl
Zucker

FÜR DEN KROKANT

50 g Butter
50 g Mehl
1 Eiweiß
50 g Zucker
50 g gemahlene Mandeln

rose

ROSE (ROSA DAMASCENA UND ROSA CENTIFOLIA)

Die Rose gilt als die Königin der Blumen und das nicht nur wegen ihrer Schönheit, sondern vor allem wegen ihres betörenden Duftes. Die Idee, Rosen in der Küche zu verwenden, ist nicht neu, sondern vielerorts nur in Vergessenheit geraten. Ausnahmslos alle Rosenblüten sind essbar, wenn sie nicht gespritzt sind. Aroma und Geschmack jedoch sind recht unterschiedlich. Am besten eignen sich stark duftende Rosen, denn je intensiver der Duft einer Rose ist, desto aromatischer sind ihre Blüten. In der orientalischen und indischen Küche veredeln Rosenblüten traditionell viele Speisen, sowohl herzhafte als auch süße, und werden verschiedenen Gewürzmischungen beigegeben.

Konserviert wird das Rosenaroma vor allem in Rosenöl und Rosenwasser, welches bei der Destillation von Rosenöl als Nebenprodukt anfällt. Es sollte jedoch wegen seiner flüchtigen Aromen nur am Ende des Kochprozesses oder an kalte Speisen gegeben werden.

ROSENBLÜTENZUCKER

20 g getrocknete Duftrosenblütenblätter

500 g feinster Zucker

Die Rosenblütenblätter zusammen mit dem Zucker in einer Küchenmaschine fein mahlen und die Mischung sieben. Anschließend sofort in gut verschließbare Gläser füllen und dunkel lagern.
Blütenzucker kann man über Obstsalat, Gebäck oder Joghurt streuen. Sie können damit auch Tee oder Sahne süßen. Er kann beim Backen die gleiche Menge an Haushaltszucker ersetzen.

LÖFFELBISKUIT MIT ROSENBLÜTENZUCKER

2 Eier

1 Pr Salz

50 g Rosenblütenzucker (siehe auf dieser Seite)

25 g Mehl

25 g Speisestärke

1 Msp. Backpulver

Etwas Rosenblütenzucker zum Bestreuen

Backofen auf 190 °C vorheizen. Die Eier trennen. Eiweiß Salz steif schlagen. Eigelb mit dem Zucker cremig schlagen. Mehl, Speisestärke und Backpulver durch ein feines Sieb dazusieben und unterheben. Anschließend den Eischnee vorsichtig unterheben.
Teig in einen Spritzbeutel mit Lochtülle füllen und fingerlange Teigstreifen spritzen. Teigstreifen mit etwas Rosenblütenzucker bestreuen und ca. 15–18 Minuten lang backen.

ROSENSALZ MIT ZIMT

20 g getrocknete Duftrosenblütenblätter

500 g grobes Meersalz

1 Ceylon-Zimtstange, grob zerkleinert

Die Rosenblütenblätter zusammen mit Salz und Zimt in einer Küchenmaschine kurz mahlen und die Mischung sofort in gut verschließbare Gläser füllen und dunkel lagern. Für den Gebrauch das Salz in eine Gewürzmühle geben oder im Mörser zerstoßen.
Passt hervorragend zu Lamm, Wild, Gemüse, Couscous und zu vielen orientalischen Gerichten.

ROSENBALSAMICO-REDUKTION

500 ml Aceto Balsamico

Blütenblätter von 3 unbehandelten Duftrosen

2 EL Zucker

Den Balsamico mit den Rosenblütenblättern in einen Topf geben, aufkochen und 24 Stunden ziehen lassen. Dann den Essig durch ein Sieb gießen, um die Rosenblüten zu entfernen. Anschließend den Essig mit dem Zucker bei milder Hitze sirupartig einkochen, vom Herd nehmen und abkühlen lassen. In saubere Flaschen abfüllen und verschließen.

wassermelonen-carpaccio mit rosen-pfeffer-kandis und ziegenkäse

- Die Wassermelone schälen und in dünne Scheiben schneiden. Die Scheiben zu Kreisen von etwa 4 cm Durchmesser ausstechen und kreisrund und leicht überlappend auf Tellern anrichten.
- Für die Würzmischung Duftrosenblätter, rosa Pfefferbeeren und Kandis in einem Schraubglas mischen.
- Etwa 2 Teelöffel der Mischung im Mörser zerstoßen und die Melonenscheiben damit bestreuen. Mit Olivenöl beträufeln.
- Den Ziegenkäse mit Salz, Pfeffer und etwas Rosen-Pfeffer-Kandis abschmecken. Die Käsecreme mit zwei Teelöffeln zu Nocken formen und je drei davon auf jedem Teller anrichten.
- Den Salat verlesen, abbrausen und trocken schütteln. Olivenöl, Weißweinessig und Honig verquirlen und salzen. Den Salat darin marinieren und mittig auf dem Carpaccio anrichten. Die Rosenblütenblätter über den Salat streuen.

FÜR DAS CARPACCIO

½ kernlose Wassermelone

2 g getrocknete Duftrosenblütenblätter

5 g Schinusbeeren (rosa Pfeffer)

2 TL brauner Krümelkandis

4 EL Olivenöl

250 g Ziegenfrischkäse

Salz, Pfeffer, frisch gemahlen

FÜR DIE SALATGARNITUR

150 g feine Blattsalatmischung

2 EL Olivenöl

2 EL Weißweinessig

1 TL Honig

Salz, frisch gemahlen

Blütenblätter von 3 dunkelroten unbehandelten Duftrosen

saiblingsfilet auf glasierten zuckerschoten mit rosen-tomaten-salsa

- Die Saiblingsfilets abspülen, trocknen und mit Salz und Pfeffer würzen. Das Olivenöl in einer beschichteten Pfanne erhitzen und die Filets darin auf der Hautseite etwa 3 Minuten kross anbraten. Den Fisch wenden, die Pfanne vom Herd nehmen und die Filets in der Resthitze gar ziehen lassen.
- Die Zuckerschoten putzen, waschen und 2 Minuten in kochendem Salzwasser blanchieren, abgießen und in Eiswasser abschrecken. Gut abtropfen lassen.
- Für die Salsa die Zwiebeln und den Knoblauch schälen und klein würfeln. Die Tomaten kreuzweise einritzen, den Blütenansatz entfernen und die Tomaten 30 Sekunden in kochendes Wasser tauchen. In Eiswasser abschrecken, die Haut abziehen und die Tomaten vierteln. Die Tomatenviertel entkernen und klein würfeln.
- Das Olivenöl in der Pfanne erhitzen und die Zwiebeln und den Knoblauch darin andünsten. Den Honig, den Weißweinessig und die Tomatenwürfel zugeben. Mit Salz und Pfeffer würzen. 1 Minute köcheln lassen. Die Rosenblütenblätter zugeben und die Salsa mit Rosenwasser verfeinern.
- Die Zuckerschoten kurz vor dem Servieren in einer Pfanne in der heißen Butter schwenken. Mit Salz, Pfeffer und etwas Muskatnuss würzen.
- Zum Anrichten die Zuckerschoten auf Tellern verteilen, großzügig mit der Rosensalsa beträufeln und das Fischfilet darauflegen.

FÜR 4 PORTIONEN

FÜR DEN FISCH

4 Saiblingsfilets, à 160 g, ohne Gräten, mit Haut
Salz, Pfeffer, frisch gemahlen
2 EL Olivenöl

FÜR DIE ZUCKERSCHOTEN

300 g Zuckerschoten
30 g Butter
Salz, Pfeffer, Muskatnuss, frisch gemahlen

FÜR DIE SALSA

2 rote Zwiebeln
½ Knoblauchzehe
4 Strauchtomaten
4 EL Olivenöl
1 EL Honig
1 EL Weißweinessig
Salz, Pfeffer, frisch gemahlen
1 EL getrocknete Duftrosenblütenblätter
Rosenwasser zum Abschmecken

tartelettes mit weißer schokolade, rosen und himbeeren

- Die Sahne in einem Topf erwärmen und vom Herd nehmen. Die Schokolade zerbrechen oder klein hacken, zufügen und in der Sahne schmelzen lassen. Glatt rühren, die Masse in eine flache Form gießen und mindestens 5 Stunden kalt stellen.
- Aus den Teigzutaten einen glatten Teig kneten, diesen in Frischhaltefolie wickeln und 30 Minuten kalt stellen.
- Den Backofen auf 180 °C vorheizen.
- Den Teig anschließend auf einer bemehlten Arbeitsfläche etwa 3 mm dünn ausrollen. 4 Tarteletteformen mit ca. 12 cm Durchmesser fetten. 4 Kreise in der Größe der Tarteletteformen aus dem Teig ausstechen und in die Formen legen. Böden mehrmals mit einer Gabel einstechen und im vorgeheizten Backofen 10–15 Minuten goldbraun backen. Herausnehmen und abkühlen lassen.
- Kurz vor dem Servieren die Schokoladenmasse in einer Schüssel mit der Crème fraîche schaumig-steif aufschlagen. Die Masse in einen Spritzbeutel mit großer Lochtülle füllen.
- Die Schokoladencreme in die vorbereiteten Tartelettböden füllen. Mit Himbeeren, Rosenblütenblättern und Minze garnieren.

FÜR 4 PORTIONEN

FÜR DIE FÜLLUNG

100 g Sahne, am besten mit 35 % Fettgehalt

100 g weiße Schokolade

50 g Crème fraîche

FÜR DEN TEIG

150 g Mehl

75 g Butter

30 g Zucker

1 Pr Salz

1 EL Wasser

Mehl zum Bearbeiten

Butter zum Fetten der Formen

FÜR DIE GARNITUR

200 g frische Himbeeren (ca. 24 Stück)

Blütenblätter von 2–3 unbehandelten Rosen

Einige Stiele Minze

vanille

VANILLE (VANILLA PLANIFOLIA)

Vanille ist eines der kostbarsten Gewürze der Welt, denn sie verlangt von der Blüte bis zur Ernte sehr viel Aufmerksamkeit. Doch die Mühe lohnt sich, denn sie duftet und schmeckt unvergleichlich. Ihre blumige Würze rundet nicht nur Süßes lieblich ab, sondern verleiht auch pikanten Gerichten eine exotisch-raffinierte Note. Samen und Schale schmecken zwar lieblich, aber nicht süß und weisen außerdem eine feinherbe Komponente auf, so dass sie auch gut zu Meeresfrüchten, Krustentieren und Geflügel passen, zu Möhren, Tomaten und Erbsen. Allerdings sollten Fleisch und Meeresfrüchte nicht zu stark angebraten werden, da starke Röstaromen die Vanille schnell überdecken würden.

Am bekanntesten ist die Bourbon-Vanille mit ihrem vollen, sahnigen Aroma und dem hohen Vanillingehalt, doch auch die mit Mark prall gefüllten Schoten der Tahiti-Vanille zeichnen sich durch ein wirklich beeindruckend blumiges Aroma aus. Gute Vanilleschoten sollten übrigens dunkel, prall und weich sein. Die besten Schoten sind mit Vanillinkristallen überzogen, dem sogenannten Givre.

VANILLEOLIVEN

300 g schwarze Oliven mit Stein (z.B. Sorte Calamata)
1 Vanilleschote
250 g Zucker

Die Oliven in einem Sieb gründlich warm abspülen, abtropfen lassen und in eine Schüssel geben. Die Vanilleschote der Länge nach aufschlitzen, mit dem Zucker und 250 ml Wasser aufkochen und 5 Minuten sprudelnd kochen lassen. Den Sirup über die Oliven gießen und in ein Schraubglas mit Deckel füllen. 1 Woche ziehen lassen. Die Oliven sind 3–6 Monate haltbar und schmecken umso intensiver, je länger man sie im Sud ziehen lässt.

VANILLEHONIG MIT NÜSSEN

½ Vanilleschote
200 g milder heller Blütenhonig
75 g gemischte ganze Nüsse und Kerne

Die Vanilleschote längs aufschneiden und das Mark auskratzen. Vanillemark, -schote und den Honig verrühren. Die Nussmischung ein paar Minuten in einer Pfanne ohne Fett anrösten, entweder ganz oder gehackt zum Honig geben und untermengen. In Gläser füllen und gut verschließen.

VANILLE-BALSAMICO-SAUCE

100 g Zucker
100 ml Sojasauce
50 ml Aceto Balsamico
50 ml Himbeeressig
1 Vanilleschote
100 ml Sesamöl

Den Zucker in einem Topf schmelzen und leicht karamellisieren lassen. Die Sojasauce zugeben und den Karamell aufkochen. Die beiden Essige zugießen, die Vanilleschote aufschneiden und zufügen und die Sauce um die Hälfte einkochen lassen. Den Topf vom Herd nehmen und die Reduktion leicht abkühlen lassen. Anschließend nach und nach das Öl einrühren.
Die Sauce passt sehr gut zu Erdbeeren, Eis und als Topping auf jedem Blattsalat. Sie kann sehr gut im Kühlschrank aufbewahrt werden.

VANILLEEXTRAKT

4 Vanilleschoten
200 ml brauner Rum

Die Vanilleschoten der Länge nach aufschlitzen und in Stücke schneiden. Zusammen mit dem Rum in ein gut verschließbares Glas geben und 1 Woche durchziehen lassen.

jakobsmuscheln auf vanillelauch mit confierten tomaten

- Den Backofen auf 120 °C vorheizen.
- Die Kirschtomaten waschen, die Haut leicht einritzen und die Tomaten in eine Auflaufform legen. Den Knoblauch schälen und grob hacken, dann mit dem Olivenöl, dem Zucker und dem Salz verrühren. Die Mischung gleichmäßig über die Tomaten verteilen. Diese im vorgeheizten Backofen 30–45 Minuten garen.
- Die Lauchstangen putzen, waschen und auf etwa 5 cm Länge zurechtschneiden. Die Butter in einer Pfanne schmelzen und die geputzten Lauchstangen darin kurz anschwitzen. Mit Zucker bestreuen, Vanillemark zugeben und den Lauch glasieren. Mit dem Gemüsefond ablöschen. Salzen und pfeffern und bei milder Hitze etwa 5 Minuten bissfest garen.
- Die Jakobsmuscheln abspülen und trocknen. Das Olivenöl in einer Grillpfanne erhitzen und die Jakobsmuscheln darin kurz scharf von beiden Seiten anbraten. Mit Salz und Pfeffer würzen und bei milder Hitze etwa 2 Minuten ziehen lassen.
- Zum Anrichten den Lauch mit dem Schmorsud auf Tellern anrichten, die Tomaten verteilen und die Jakobsmuscheln auf den Lauch legen.

FÜR 4 PORTIONEN

FÜR DAS TOMATENCONFIT

16 Kirschtomaten
2 Knoblauchzehen
2 EL Olivenöl
1 TL Zucker
1 TL grobes Meersalz

FÜR DEN LAUCH

2 Bund Frühlingslauch
30 g Butter
1 TL Zucker
Mark von ½ Vanilleschote
50 ml Gemüsefond
Salz, Pfeffer, frisch gemahlen

FÜR DIE JAKOBSMUSCHELN

8 frische Jakobsmuscheln, küchenfertig geputzt
2 EL Olivenöl
Salz, Pfeffer, frisch gemahlen

kalbsfilet mit sauerkirsch-vanillekompott auf pastasotto

- Den Backofen auf 140 °C vorheizen.
- Das Kalbsfilet rundum mit Salz und Pfeffer würzen. Das Rapsöl in einer Pfanne erhitzen und das Filet mit dem Rosmarin und dem Knoblauch darin von allen Seiten anbraten.
- Das Fleisch mit Honig bestreichen, den Rosmarin darauflegen und im vorgeheizten Backofen ca. 15–20 Minuten garen. Im ausgeschalteten Ofen 5 Minuten ruhen lassen.
- Während das Fleisch gart, für das Pastasotto die Schalotten schälen und klein würfeln. Die Butter in einem Topf schmelzen und die Schalotten darin anschwitzen. Die Risoni zugeben, unterrühren und mit dem Weißwein ablöschen. Den Wein zur Hälfte verkochen lassen. Nach und nach den Gemüsefond zugeben und unter Rühren etwa 15 Minuten garen. Zuletzt mit Salz und Pfeffer würzen, den Parmesan unterrühren und das Pastasotto mit der Butter verfeinern. Den Schnittlauch klein schneiden und unter das Pastasotto rühren.
- Für das Kompott die Schalotten schälen und klein würfeln. Die Butter in einem Topf erhitzen und die Schalotten darin anschwitzen. Die Vanilleschote aufschlitzen und das Mark herauskratzen. Beides und den Zucker zu den Schalotten geben und karamellisieren lassen. Die Sauerkirschen zufügen und mit dem Rotwein ablöschen. Bei mittlerer Hitze 5 Minuten köcheln lassen.
- Mit Salz, Pfeffer und Balsamico abschmecken. Sauce nach Belieben mit etwas in kaltem Wasser angerührter Speisestärke binden.
- Zum Anrichten das Pastasotto auf Tellern verteilen. Das Fleisch in Tranchen schneiden, leicht salzen und darauflegen. Das Sauerkirschkompott um das Fleisch verteilen.

FÜR 4 PORTIONEN

FÜR DAS FLEISCH

700 g Kalbsfilet
Salz, Pfeffer, frisch gemahlen
2 EL Rapsöl
2 Zweige Rosmarin
2 ungeschälte Knoblauchzehen, halbiert
1–2 TL Honig

FÜR DAS PASTASOTTO

2 Schalotten
20 g Butter
200 g Risoni
100 ml Weißwein
300 ml Gemüsefond
Salz, Pfeffer, frisch gemahlen
50 g Parmesan, frisch gerieben
30 g Butter
½ Bund Schnittlauch

FÜR DAS KOMPOTT

2 Schalotten
20 g Butter
1 Vanilleschote
30 g brauner Zucker
300 g entsteinte Sauerkirschen (frisch oder TK)
300 ml Rotwein
Salz, Pfeffer, frisch gemahlen
2–3 EL Aceto Balsamico (gereift)
1 TL Speisestärke

orangengranité mit vanille-olivenöl

- Das Vanille-Olivenöl vorab zubereiten. Dafür das Olivenöl und die Vanilleschote in eine gut verschließbare Flasche füllen, verschließen, schütteln und an einem kalten, dunklen Ort 1 Woche ziehen lassen.
- Für das Granité die Gelatine in kaltem Wasser 5 Minuten einweichen. Sie verhindert, dass das Granité nach dem Anrichten zu schnell schmilzt.
- Den Orangensaft mit dem Zucker aufkochen und so lange köcheln lassen, bis sich der Zucker vollständig gelöst hat. Vom Herd nehmen. Die gut ausgedrückte Gelatine zugeben und im warmen Sud auflösen.
- Die Orangenmasse in eine flache Schale füllen und im Gefrierschrank 5–6 Stunden gefrieren. Dabei alle 45 Minuten mit einer Gabel zerstoßen.
- Die Orangen schälen, so dass die gesamte Haut entfernt ist, und die Filets heraustrennen.
- Das Granité in eisgekühlte Gläser geben. Das Orangenfilet extra anrichten und beides großzügig mit dem Vanille-Olivenöl beträufeln.

TIPP: Das restliche Vanilleöl ist in einem Schraubglas längere Zeit haltbar und kann immer wieder mit frischem Öl aufgegossen werden. Es passt auch bestens zu gebratenem Fisch, Meeresfrüchten, Geflügel, gedämpftem Gemüse und Spargel.

FÜR 4 PORTIONEN

FÜR DAS VANILLE-OLIVENÖL

100 ml mildes Olivenöl, extra nativ

1 ausgekratzte Vanilleschote

FÜR DAS GRANITÉ

1 Blatt Gelatine

300 ml Orangensaft, frisch gepresst

150 g Zucker

FÜR DIE GARNITUR

2 Orangen

Lavendel

LAVENDEL (LAVANDULA ANGUSTIFOLIA)

Die malvenfarbigen Blüten des sonnenverwöhnten Lavendels haben einen blumigen, aber auch erfrischend-würzigen Duft. Ihr leicht bitterer Geschmack mit einer feinen Kampfer- und Zitrusnote eröffnet bisher ungekannte, raffinierte Geschmackswelten. Am besten eignet sich der „echte" Lavendel, denn sein Aroma ist frisch und elegant. Beim Verwenden von Lavendel in der Küche ist allerdings Fingerspitzengefühl gefragt. Die kleinen blauen Blüten sind außerordentlich aromatisch und sollten nicht dominieren, sondern einen Akzent setzen.

Traditionell werden Soßen, Fischsuppen und Eintöpfe mit Lavendel gewürzt, doch er harmoniert auch bestens mit Lamm, Kaninchen und Huhn ebenso wie mit Fisch und Käse. Aber auch Getränken, Süßspeisen und Backwaren verleiht er sein ganz besonderes Aroma.

Man sollte die Blüten kurz vor dem Aufblühen ernten. In diesem Stadium lässt sich Lavendel auch am besten trocknen, und zwar, indem man ihn bundweise mit den Blüten nach unten aufhängt. Doch Vorsicht: Getrockneter Lavendel hat mehr als doppelt so starke Würzkraft wie frische Blüten.

LAVENDELBLÜTENHONIG

250 g milder flüssiger Blütenhonig

3 EL getrocknete Lavendelblüten

Den Honig in einem Topf erwärmen, nicht kochen. Die getrockneten Blüten in einem Mörser leicht zerreiben und in den warmen Honig geben. Am besten über Nacht ziehen lassen. Dann den Honig durch ein feines Sieb passieren, in ein sauberes Glas füllen und verschließen.

LAVENDELCRACKER

150 ml Milch

1 TL getrocknete Lavendelblüten

220 g Mehl

1 Pr Salz

25 g Butter

Lavendelblüten und Fleur de sel zum Bestreuen

Die Milch mit den Lavendelblüten aufkochen und 30 Minuten ziehen lassen. Dann die Lavendelblüten abseihen. Den Backofen auf 220 °C vorheizen. Mehl und Salz in eine große Schüssel geben, Butter und Milch unterkneten. Den Teig auf der Arbeitsfläche nochmals durchkneten. Auf einer bemehlten Arbeitsfläche dünn ausrollen und runde Cracker ausstechen. Dieses auf ein mit Backpapier ausgelegtes Backblech legen. Den Teig mit Lavendelblüten und Fleur de sel bestreuen und beides leicht in den Teig drücken. Die Cracker im vorgeheizten Ofen etwa 5 Minuten lang backen. Abkühlen lassen.

LAVENDEL-KRUSTE

200 g Haselnüsse

100 g Sesam

2 TL Meersalz

2 TL getrocknete Lavendelblüten

Haselnüsse grob hacken und mit dem Sesam in einer Pfanne ohne Fett goldbraun anrösten. Mit Meersalz und Lavendelblüten in einem Mörser zerstoßen. Bei Bedarf zu gleichen Teilen mit schaumig geschlagener Butter verrühren und auf Fleisch oder Fisch verteilen. Im Backofen unter dem Grill goldbraun gratinieren. Nach Belieben mit 1 Teelöffel geröstetem Kreuzkümmel, 1 Teelöffel gerösteten Koriandersamen oder schwarzem Pfeffer verfeinern.

LAVENDELTRÜFFEL

100 g Sahne

1 TL getrocknete Lavendelblüten

200 g Vollmilch-Schokolade

3 TL Lavendelblütenzucker (Rezept wie Rosenblütenzucker, siehe Seite 57, allerdings pro 100 g Zucker 1 g getrocknete Lavendelblüten)

Die Sahne mit den Lavendelblüten aufkochen und ca. 5 Minuten ziehen lassen. Die Schokolade hacken und darin auflösen. Die Masse in eine flache Schale füllen, abdecken und am besten über Nacht abkühlen lassen. Von der kalten Masse mit einem Teelöffel kleine Portionen abstechen, in den Händen zu Kugeln formen und 30 Minuten kalt stellen. Die Trüffel dann im Lavendelblütenzucker wälzen, bis sie ganz überzogen sind. Bis zum Verzehr kühl stellen.

kalbspastete mit lavendelsauce und rucola

FÜR 4 PORTIONEN

FÜR DIE PASTETE

200 g Lardo am Stück (ital. fetter Speck)
300 g Kalbsschulter
2 Schalotten, 1 Knoblauchzehe
30 g Butter
3 TL getrocknete Lavendelblüten
50 ml Cognac
30 g Pistazien, gehackt
200 g Sahne
2 Eiweiß
Salz, Pfeffer, frisch gemahlen
100 g Lardo, in dünnen Scheiben

FÜR DIE LAVENDELSAUCE

1 rote Zwiebel
1 Knoblauchzehe
1 EL Zucker
Je 1 kleiner Zweig Rosmarin und Thymian
1 gehäufter TL getrocknete Lavendelblüten
50 ml Rotwein
150 ml Kalbsfond (aus dem Glas)
2 EL Weißweinessig
Salz, Pfeffer, frisch gemahlen
1 TL Speisestärke

FÜR DEN SALAT

150 g Rucola
1 TL feiner Dijonsenf
1 TL flüssiger Honig
3 EL Weißweinessig
3 EL Traubenkernöl
Salz, Pfeffer, frisch gemahlen

- Lardo und Kalbsschulter in 2 cm große Würfel schneiden und für 30 Minuten ins Gefrierfach stellen.
- In der Zwischenzeit die Schalotten und den Knoblauch schälen und klein würfeln. Die Butter in einer Pfanne erhitzen und beides darin anschwitzen. Zusammen mit den Lavendelblüten, dem Cognac und den Pistazien in einer Schüssel mischen.
- Den Backofen auf 120 °C vorheizen.
- Das angefrorene Fleisch portionsweise jeweils mit einem Teil der Sahne in einer Küchenmaschine mit Schneidmesser zu einer grob gehackten Fleischmasse verarbeiten.
- Zuletzt das Eiweiß und die Schalotten-Mischung unterrühren. Die Masse kräftig salzen und pfeffern.
- Einen Streifen Backpapier, passgenau für die Terrineform zugeschnitten, mit etwa drei Vierteln der Speckscheiben belegen. Den Backpapierstreifen in die Form legen und die Fleischmasse einfüllen. Glatt streichen und mit den restlichen Speckstreifen oben abdecken.
- Im vorgeheizten Backofen in einem heißen Wasserbad 1 Stunde garen. Die Pastete herausnehmen und über Nacht auskühlen lassen.
- Für die Sauce die Zwiebel und den Knoblauch schälen und klein würfeln. Den Zucker in einem Topf goldbraun karamellisieren. Die Zwiebeln und den Knoblauch darin anschwitzen. Rosmarin, Thymian und Lavendelblüten zugeben. Mit Rotwein und Kalbsfond ablöschen. Den Essig zufügen und alles 10 Minuten köcheln lassen. Die Sauce mit Salz und Pfeffer würzig abschmecken. Zuletzt mit etwas in kaltem Wasser angerührter Speisestärke binden. Rosmarin und Thymian entfernen.
- Den Rucola putzen, waschen und trocken schleudern. Senf, Honig, Essig und Öl zu einem Dressing verrühren, mit Salz und Pfeffer würzen. Rucola damit marinieren.
- Zum Anrichten die Terrine in Scheiben schneiden und mit dem Rucola und der Lavendelsauce auf Tellern verteilen.

maispoulardenbrust mit haselnuss-lavendel-kruste, linsen und karamellisierten tomaten

- Den Backofen auf 120 °C vorheizen.
- Die Maispoulardenbrüste rundum salzen und pfeffern. Das Öl in einer Pfannc crhitzen und das Fleisch darin von allen Seiten anbraten, dann im vorgeheizten Backofen ca. 15–20 Minuten garen.
- In der Zwischenzeit die Haselnüsse grob hacken. Die Butter in einer Schüssel schaumig schlagen und die Haselnüsse, die Semmelbrösel, das Eigelb und die Lavendelblüten untermischen. Salzen und alles gut mischen. In einen Gefrierbeutel füllen, 3–4 mm dünn glatt streichen und kalt stellen.
- Die Schalotten und den Knoblauch schälen und klein würfeln. Die Butter in einem Topf schmelzen lassen und beides darin anschwitzen. Die Linsen zugeben, mit Weißwein ablöschen und die Flüssigkeit einkochen lassen. Die Brühe angießen und die Linsen bei mittlerer Hitze etwa 20 Minuten weichgaren. Zuletzt mit Salz, Pfeffer, Honig und Balsamico abschmecken.
- Das Fleisch mit einem entsprechend großen Stück Haselnuss-Kruste belegen und im Ofen unter dem Grill (ca. 220 °C) 3–5 Minuten goldbraun gratinieren.
- In der Zwischenzeit die Cherrytomaten waschen und tropfnass in eine heiße Pfanne geben. Unter Schwenken aufplatzen lassen, mit Puderzucker bestäuben, mit Salz und Pfeffer würzen und karamellisieren lassen.
- Zum Servieren die Linsen auf Tellern verteilen. Die Maispoulardenbrüste in Tranchen schneiden, mit Fleur de sel würzen und auf den Linsen anrichten. Die Tomaten daneben anrichten.

FÜR 4 PORTIONEN

FÜR DAS FLEISCH

4 Maispoulardenbrüste, à ca. 180 g
Salz, Pfeffer, frisch gemahlen
2 EL Rapsöl
50 g Haselnüsse
70 g Butter
50 g Semmelbrösel
1 Eigelb
1 TL Lavendelblüten, im Mörser zerstoßen

FÜR DIE LINSEN

2 Schalotten
½ Knoblauchzehe
20 g Butter
200 g Belugalinsen
50 ml Weißwein
200 ml Gemüsebrühe
Salz, Pfeffer, frisch gemahlen
1 EL Lavendelhonig
20 ml Aceto Balsamico

FÜR DIE TOMATEN

150 g Cherrytomaten
20 g Puderzucker
Salz, Pfeffer, frisch gemahlen

ZUM SERVIEREN

Fleur de sel

crème brûlée mit lavendel

- Milch, Sahne und Lavendelblüten in einen Topf geben und einmal kurz aufwallen lassen. 1 Stunde abgedeckt ziehen lassen.
- Die Lavendelsahne durch ein Sieb passieren und erneut aufkochen.
- Den Backofen auf 120 °C Ober-/Unterhitze vorheizen.
- Die Eigelbe mit dem Zucker in einer Schüssel verrühren, die heiße Lavendelsahne unter ständigem Rühren zugeben.
- Die Ei-Sahne-Mischung in 4 feuerfeste Förmchen füllen und etwa 40 Minuten im vorgeheizten Backofen stocken lassen.
- Die Crème 30 Minuten abkühlen lassen, anschließend 2 Stunden im Kühlschrank kühlen.
- Das Dessert kurz vor dem Servieren gleichmäßig mit braunem Zucker bestreuen und diesen mit einem Bunsenbrenner goldbraun karamellisieren.

TIPP: Die Garzeit der Crème hängt von den gewählten Schälchen ab. Zur Probe können Sie leicht an den Schälchen rütteln. Wenn die Crème dabei nicht mehr schwappt, sondern leicht wackelt, ist sie fertig. Durch das Kühlen wird sie erst richtig fest.

FÜR 4 PORTIONEN

220 ml Milch
220 g Sahne
2 TL Lavendelblüten
4 Eigelb
40 g Zucker
Brauner Zucker zum Karamellisieren

schokolade

SCHOKOLADE (THEOBROMA CACAO)

Vom Getränk der Götter über süße Massenware bis zum heutigen Gaumenkitzel anspruchsvoller Gourmets war es ein langer Weg. Doch nun hat Schokolade nach der süßen auch die herzhafte Küche erobert und um außergewöhnliche und extravagante Aromen bereichert. Schokolade passt zum Beispiel ganz hervorragend zu Wildgerichten und dunklen Saucen auf Rotwein- oder Portweinbasis. In Mexiko ist Schokolade noch heute eine der Hauptzutaten in den herzhaft-würzigen Moles.

Aber man sollte bei ihrer Verwendung vorsichtig sein. Denn selbst Schokolade mit einem Kakaogehalt von 70 % ist noch süß und hat in der Regel ein prägnantes Vanillearoma. Auch bietet Schokolade ein unglaublich dichtes Aromenspektrum und das kann für leichte, elegante Saucen schnell zu viel sein. Der endgültige Geschmack lässt sich am besten durch den Zeitpunkt steuern: Gibt man die Schokolade recht früh in die Sauce und lässt die Flüssigkeit noch längere Zeit köcheln, erreicht man eine langsame und somit intensivere Vermischung der Aromen. Rührt man die Schokolade eher spät ein, etwa als Bindung, bleibt das Aroma an der Oberfläche.

BLÄTTERTEIGSTANGEN MIT CHILI UND SCHOKOLADE

1 Packung TK-Blätterteig (330 g)

40 g dunkle Kuvertüre, 70 % Kakaoanteil

Chili, frisch gemahlen

Den Backofen auf 180 °C vorheizen. Den aufgetauten Blätterteig ausrollen, in 1 cm dicke Streifen schneiden und auf ein Backblech mit Backpapier legen. Die Kuvertüre mit einer feinen Reibe darüberraspeln. Mit Chiliflocken bestreuen und im vorgeheizten Backofen goldbraun backen.

SCHOKOLADENSALZ

100 g feines Meersalz

10 g Kakao, stark entölt, 100 % Kakaoanteil

5 g Rohrzucker

Mark von ½ Vanilleschote

1 Pr Cayennepfeffer

Alle Zutaten gut miteinander vermischen und in ein luftdicht schließendes Gefäß geben. Passt sehr gut zu Leber, Jakobsmuscheln, hellem Geflügel und exotischen Früchten.

SCHOKO-NUSS-AUFSTRICH

40 g gemahlene Haselnüsse

100 g weiche Butter

2 EL Kakaopulver, mind. 70 % Kakaoanteil

40 g Puderzucker

1 Pr Zimt

50 g Zartbitterschokolade, gehackt, 85 % Kakaoanteil

Die Haselnüsse in einer Pfanne ohne Fett goldbraun rösten und abkühlen lassen. Butter, Kakao und Puderzucker cremig rühren. Die Haselnüsse, den Zimt und die Schokolade unterrühren. Die Schokocreme in Gläser füllen, fest verschließen und im Kühlschrank aufbewahren. Etwa 2 Wochen haltbar.

SCHOKOLADEN-BALSAMICO

200 ml Aceto balsamico

1 TL Zucker

20 g Schokolade, 70 % Kakaoanteil

Den Balsamico mit dem Zucker in einen Topf geben und bei mittlerer Hitze auf etwa die Hälfte reduzieren. 10 Minuten abkühlen lassen. Kuvertüre fein hacken und in dem reduzierten Essig schmelzen lassen.

tagliata vom rind mit schokoladen-zwiebel-chutney

- Den Backofen auf 160 °C vorheizen.
- Die Rumpsteaks salzen, pfeffern und mit Olivenöl bestreichen.
- Eine Grillpfanne vorheizen und die Steaks darin von jeder Seite 2 Minuten grillen. Anschließend im vorgeheizten Backofen 5 Minuten ziehen lassen. Herausnehmen und nochmals 5 Minuten ruhen lassen.
- Die Zwiebeln schälen und in feine Würfel schneiden. Mit Rotwein, Zucker, Thymian und dem Lorbeerblatt in einen Topf geben und einkochen lassen, bis die Flüssigkeit fast verkocht ist. Die Schokolade fein hacken und darin auflösen, den Balsamico und den Likör unterrühren. Mit Salz und Pfeffer abschmecken. Thymian und Lorbeer entfernen.
- Zum Servieren das Fleisch in dünne Scheiben schneiden und auf einer Platte oder Tellern anrichten. Die Petersilie grob hacken. Fleisch mit Fleur de sel, grob gemahlenem Pfeffer und der Petersilie bestreuen und großzügig mit Olivenöl beträufeln. Einem Teil des Chutneys darübergeben, den Rest dazu servieren. Am besten geröstetes Graubrot dazu reichen.

TIPP: Das Fleisch vor dem Anbraten 30 Minuten bei Zimmertemperatur liegen lassen.

FÜR 4 PORTIONEN

FÜR DAS FLEISCH

2 Rumpsteaks, à 250 g
Salz, Pfeffer, frisch gemahlen
2 EL Olivenöl

FÜR DAS CHUTNEY

4 Zwiebeln
½ l Rotwein
100 g brauner Zucker
1 Zweig Thymian
1 Lorbeerblatt
80 g Schokolade, 80 % Kakaoanteil
20 ml Aceto Balsamico
20 ml Johannisbeerlikör

ZUM SERVIEREN

4 Stiele glatte Petersilie
Fleur de sel
Pfeffer, frisch gemahlen
Olivenöl zum Beträufeln

schokoladen-chili-tagliatelle mit gebratenen garnelen und geschmorter paprika

FÜR 4 PORTIONEN

ca. 15 g Kakaopulver, mind. 70 % Kakaoanteil
300 g Weizenmehl
100 g fein gemahlener Hartweizengrieß
½ TL Meersalz
50 g Schokolade, mind. 80 % Kakaoanteil, geschmolzen und abgekühlt
Chili, frisch gemahlen
Mehl zum Bearbeiten
30 g Butter

FÜR DIE PAPRIKA

2 rote und 2 gelbe Paprikaschoten
1 Zwiebel
20 g Butter
1 TL Zucker
2 EL Weißweinessig
Salz, Pfeffer, frisch gemahlen

FÜR DIE GARNELEN

12 Garnelenschwänze, geschält
2 EL Olivenöl
2 Zweige Thymian
Salz, Pfeffer, frisch gemahlen

— Kakaopulver und Mehl in eine Schüssel sieben, Hartweizengrieß untermischen und eine Mulde formen.

— 150 ml Wasser, Salz und Schokolade in die Mitte geben, mit etwas Chili bestreuen und alles zu einem glatten, geschmeidigen Teig verkneten. Abgedeckt 30 Minuten ruhen lassen.

— Den Nudelteig auf einer bemehlten Arbeitsfläche zu langen, dünnen Bahnen ausrollen, 10 Minuten trocknen lassen, anschließend in 5 mm breite Streifen schneiden.

— Die Paprikaschoten waschen, halbieren, entkernen und schälen. Die Paprika klein würfeln. Die Zwiebel schälen und ebenfalls klein würfeln. In einem Topf Butter schmelzen, Paprika und Zwiebel darin anschwitzen, mit Zucker bestreuen. Den Weißweinessig zugeben und mit Salz und Pfeffer würzen. Bei mittlerer Hitze 5–8 Minuten weich schmoren.

— Die Garnelen entdarmen, waschen und trocken tupfen. In einer Pfanne das Olivenöl erhitzen, die Garnelen mit dem Thymian darin von beiden Seiten 2 Minuten anbraten. Mit Salz und Pfeffer würzen. Pfanne vom Herd nehmen und weitere 2 Minuten gar ziehen lassen.

— Reichlich leicht gesalzenes Wasser zum Kochen bringen und die Nudeln darin 2 Minuten kochen.

— Die Butter in einer Pfanne bräunen, die Nudeln abgießen und darin schwenken.

— Zum Servieren die Nudeln auf Tellern verteilen, die Garnelen darauf anrichten und die Paprika verteilen.

schokoladen-risotto mit mandarinen-gewürz-sorbet

— Die Gewürze in einer Pfanne ohne Fett kurz anrösten, bis sie zu duften beginnen. Im Mörser grob zerstoßen und mit dem Mandarinensaft in einen Topf geben. Den Zucker zufügen und alles unter Rühren erwärmen. Den Topf vom Herd nehmen und die Flüssigkeit 1 Stunde ziehen lassen.

— Durch ein Sieb passieren und in eine flache Schale füllen. Mindestens 6–8 Stunden ins Gefrierfach stellen. Zwischendurch immer wieder rühren.

— Für das Risotto die Butter in einem Topf schmelzen und den Risottoreis darin kurz anschwitzen. Die Milch angießen, den Zucker und das Vanillemark zugeben und alles unter Rühren aufkochen lassen. Auf kleinster Flamme unter regelmäßigem Rühren etwa 20–25 Minuten ausquellen lassen.

— Zuletzt die Zartbitterschokolade unterrühren und im Risotto schmelzen lassen.

— Zum Anrichten das Risotto in Schalen verteilen und mit weißer Schokolade bestreuen. Das Sorbet in kleinen eisgekühlten Schälchen dazu servieren.

TIPP: Um die Schokolade gut hobeln zu können, diese zuvor für etwa 30 Minuten ins Eisfach legen und dann mit einem Sparschäler oder einem großen Küchenmesser dünn abhobeln.

FÜR 4 PORTIONEN

FÜR DAS SORBET

1 Zimtstange

1 Sternanis

2 Gewürznelken

2 Kardamomkapseln

500 ml frisch gepresster Mandarinensaft

250 g Zucker

FÜR DAS RISOTTO

20 g Butter

250 g Risottoreis

750 ml Milch

2 gestr. EL Zucker

Mark von ½ Vanilleschote

100 g Zartbitterschokolade

ZUM SERVIEREN

50 g weiße Schokolade, gehobelt

zimt

ZIMT (CINNAMOMUM ZEYLANICUM UND CINNAMOMUM CASSIA)

Zimt mit seinem süß-warmen Aroma gehört zu den ältesten Gewürzen der Welt und hat nie an Popularität verloren. Echter Zimt stammt ursprünglich aus Sri Lanka, dem früheren Ceylon. Er verströmt ein angenehm süßes, holziges Aroma, das zart und doch intensiv ist. Cassia-Zimt, auch chinesischer Zimt genannt, ist weniger aromatisch süß, dafür etwas kräftiger und schärfer als Ceylon-Zimt. Wir kennen vor allem seine süße Seite, besonders zu Weihnachten. Dabei passt Zimt hervorragend zu Lamm, Geflügel und Schweinefleisch und gibt Tomatensaucen, Rotkohl und Kartoffelpüree eine warm-würzige Note.

Angeboten wird Zimt in Stangenform oder als Pulver. Am besten sollte er jedoch im Ganzen verwenden werden, da durch das Zermahlen ätherische Öle freigesetzt werden, die sich dann schnell verflüchtigen. Zimtstangen hingegen entfalten ihr Aroma erst, wenn man sie aufbricht, reibt oder in Flüssigkeit erhitzt. Ganze Rindenstücke sollten also ruhig mitgekocht werden, da die Aromen nur langsam in die Speisen übergehen, gemahlener Zimt hingegen wird erst zum Schluss dazugegeben.

ZIMT-BUTTER

250 g weiche Butter
2 Pr Salz
1 gestrichener TL gemahlener Ceylon-Zimt
2 TL flüssiger Honig

Die Butter in einer Schüssel mit den restlichen Zutaten schaumig schlagen. In eine Form streichen und vor dem Verzehr in Stücke schneiden oder mithilfe eines Spritzbeutels mit Sterntülle in kleine Portionsschälchen füllen.

ZIMT-MARINADE

50 g cremiger Honig
25 g grobkörniger Senf
25 g Olivenöl extra vergine
1,5 g gemahlener Ceylon-Zimt

Alle Zutaten zu einer Marinade verrühren und in saubere Gläser füllen. Gut verschlossen und kühl aufbewahrt, hält die Marinade etwa 2–3 Monate. Passt hervorragend zu Lamm, Wild, Rind, Leber und als Dip zu Gegrilltem.

ZIMTLIKÖR

7 g gemahlener Ceylon-Zimt
700 ml feinster Branntwein
150 g Zucker

Den Zimt im Branntwein in einem verschlossenen Gefäß 14 Tage lang an einem sonnigen Ort ziehen lassen, zwischendurch kräftig schütteln, anschließend filtern. Den Zucker mit 170 ml Wasser aufkochen, 10 Minuten köcheln und abkühlen lassen. Den Zuckersirup zum Branntwein geben und gut vermischen. In Flaschen oder schöne Karaffen füllen.
TIPP: Der Likör kann sofort getrunken werden, wird aber bei längerer Lagerung milder und runder.

ZIMT-KÜRBISKERN-GEWÜRZ

50 g Kürbiskerne
1 kleine rote Chilischote
Zesten von 1 unbehandelten Orange
¼ TL gemahlener Zimt

Die Kürbiskerne ohne Fett in einer Pfanne rösten und anschließend grob hacken. Die Chilischote entkernen und fein hacken. Alles mit der Orangenschale und dem Zimt mischen. Passt sehr gut zu Rind, Lamm, Gemüse und Kartoffeln. Mit Joghurt gemischt ein erfrischender Dip zu Grillgerichten.

kürbis-zimt-suppe mit pumpernickel-crunch

- Den Kürbis waschen, halbieren, entkernen und grob würfeln. Die Zwiebel schälen und klein schneiden.
- Die Butter in einem großen Topf erhitzen, Kürbis, Zwiebel und Zimt darin anschwitzen. Den Zucker darüberstreuen und braun anrösten. Mit dem Weißwein ablöschen. Die Gemüsebrühe und die Sahne angießen. Das Lorbeerblatt zugeben. Salzen und offen 15–20 Minuten köcheln lassen, bis der Kürbis weich ist. Die Zimtstangen und das Lorbeerblatt entfernen und die Suppe fein pürieren. Mit Salz, Pfeffer und etwas Chili abschmecken.
- Den Pumpernickel fein mahlen. Die Butter in einer Pfanne erhitzen, die halbe Zimtstange und den Pumpernickel zufügen und knusprig rösten. Mit Salz und Muskat würzen.
- Die Suppe heiß in tiefen Tellern oder Gläsern anrichten. Den Pumpernickel-Crunch darüber verteilen und mit etwas frisch geriebener Zimtstange verfeinern.

FÜR 4 PORTIONEN

FÜR DIE SUPPE

1 kleiner Hokkaido-Kürbis (ca. 250 g Fruchtfleisch)
1 Zwiebel
30 g Butter
2 Zimtstangen, halbiert
1 TL Zucker
100 ml Weißwein
500 ml Gemüsebrühe
200 g Sahne
1 Lorbeerblatt
Salz, Pfeffer, Chili, frisch gemahlen

FÜR DEN CRUNCH

2 Scheiben Pumpernickel (ca. 100 g)
30 g Butter
½ Zimtstange
Salz, Muskatnuss, frisch gemahlen

ZUM SERVIEREN

½ Zimtstange

gegrilltes zimt-lamm auf aprikosen-couscous

- Honig, Senf, Olivenöl und Zimt verrühren und mit etwas Salz würzen. Die Lammlachse mit der Hälfte der Marinade rundherum einstreichen, in einen Gefrierbeutel geben und 2 Stunden durchziehen lassen.
- Den Backofen auf 80 °C vorheizen.
- Eine Grillpfanne erhitzen und die Lammlachse darin von beiden Seiten anbraten.
- Im vorgeheizten Backofen 10 Minuten garen.
- Für den Couscous die Gemüsebrühe aufkochen und den Couscous damit überbrühen. 5 Minuten quellen lassen, mit einer Gabel auflockern.
- Die Aprikosen in Spalten schneiden. Die Zwiebel schälen und in Spalten schneiden. Den Frühlingslauch putzen, waschen und in Ringe schneiden.
- Das Olivenöl in einer Pfanne erhitzen, die Zwiebeln darin anbraten, den Couscous zugeben und darin anrösten. Die Aprikosen und den Frühlingslauch untermischen. Mit Salz, Pfeffer, Chili und etwas Zucker abschmecken. Zuletzt mit Zitronenschale und etwas Zitronensaft verfeinern.
- Die Cashewkerne in einer Pfanne ohne Fett rösten, abkühlen lassen und grob hacken. Den Schnittlauch fein schneiden und unter die restliche Marinade rühren.
- Zum Anrichten die Lammlachse in Tranchen schneiden und mit Salz würzen. Couscous auf Tellern verteilen und das Lamm darauf anrichten. Mit den Cashewkernen bestreuen und mit Parmesanhobeln und der Marinade verfeinern.

FÜR 4 PORTIONEN

FÜR DAS FLEISCH

1 EL cremiger Honig
1 EL körniger Senf
2 EL natives Olivenöl extra
½ TL Zimtpulver
Etwas Meersalz
700 g Lammlachse

FÜR DEN COUSCOUS

150 ml Gemüsebrühe
150 g Couscous Instant
4 getrocknete Aprikosen
1 rote Zwiebel
2 Stangen Frühlingslauch
3 EL Olivenöl
Salz, Pfeffer, Chili, frisch gemahlen
Etwas Zucker
Fein abgeriebene Schale und Saft von 1 unbehandelten Zitrone

ZUM SERVIEREN

30 g Cashewkerne
½ Bund Schnittlauch
Salz, frisch gemahlen
50 g Parmesan

zimtsoufflé mit portwein-zwetschgen

FÜR 4 PORTIONEN

FÜR DIE PORTWEIN-ZWETSCHGEN

40 g Zucker
1 EL Vanillezucker
2 Sternanis
2 Nelken
½ Zimtstange
300 ml roter Portwein
1 TL Speisestärke
250 g TK-Zwetschgen

FÜR DAS SOUFFLÉ

Flüssige Butter und Zucker für die Souffléförmchen
40 g Butter
40 g Mehl
½ TL Zimt
180 ml Milch
3 Eier
1 Pr Salz
60 g Zucker
2 EL Puderzucker mit 1 Msp Zimt gemischt

— Den Zucker in einem Topf karamellisieren, den Vanillezucker und die Gewürze zugeben und kurz erwärmen. Mit dem Portwein ablöschen und einmal aufkochen lassen. Leise köcheln lassen, bis sich der Zuckerkaramell gelöst hat. Die Speisestärke in etwas kaltem Wasser anrühren und den Sud damit abbinden, Zwetschgen zugeben und darin erwärmen. Zum Abkühlen in eine Schüssel füllen. Vor dem Servieren die Gewürze entfernen.

— 4 Souffléförmchen mit Butter ausstreichen und zuckern. Den Backofen auf 200 °C vorheizen.

— Die Butter in einem Topf schmelzen, Mehl und Zimt zugeben und unterrühren. Die Milch unter Rühren zugeben und glatt rühren. Die Hitze reduzieren und unter Rühren abbrennen, bis sich ein weißer Belag am Topfboden bildet. Den Topf vom Herd nehmen und die Masse 5 Minuten abkühlen lassen.

— Die Eier trennen, das Eiweiß mit dem Salz steif schlagen. Den Zucker dabei langsam einrieseln lassen.

— Die Eigelbe einzeln unter die Mehlmasse rühren. Den Eischnee vorsichtig unter die Masse heben.

— Die vorbereiteten Förmchen zu zwei Dritteln mit der Soufflémasse befüllen, auf ein tiefes Backblech stellen und auf die unterste Schiene in den Backofen schieben. Heißes Wasser in das Blech gießen, so dass die Förmchen gut zur Hälfte im Wasser stehen. Die Soufflés im vorgeheizten Backofen 18–20 Minuten garen.

— Das Soufflé auf Tellern anrichten. Die Portwein-Zwetschgen mit dem Sud um das Soufflé verteilen. Mit Zimtpuderzucker bestäuben und sofort servieren.

pfeffer

PFEFFER (PIPER UND „ERSATZPFEFFER")

Es gibt eine ganze Reihe von Gewürzen, die zwar den Namen Pfeffer tragen, aber botanisch gesehen anderen Pflanzenfamilien angehören. Echten Pfeffer erkennt man daran, dass sein Name immer ein „Piper" enthält. Hierzu gehören der Schwarze, Weiße, Rote und Grüne Pfeffer, die alle aus derselben Pflanze ***(Piper nigrum)*** gewonnen werden, sich aber sowohl im Schärfegrad als auch im Aroma voneinander unterscheiden. Dann gehören noch der Lange Pfeffer ***(Piper longum)*** mit seinem süßlichen, fast blumigem Aroma zur Familie, der allerdings um einiges schärfer ist, und der Kubebenpfeffer ***(Piper cubeba)*** mit seinem erdigen, leicht an Piment erinnernden Duft.

Alle anderen „Pfeffer" dienten früher als Ersatz für echten Pfeffer, werden aber heute wegen ihren oft sehr interessanten Aromen in der Gourmetküche wiederentdeckt: „Rosa Pfeffer" ***(Schinus terebinthifolius)*** betört mit seinem fast fruchtigen, etwas harzigen Duft und seinem dekorativen Aussehen. Szechuanpfeffer ***(Zanthoxylum piperitum)*** ist blumig-zitronig, pfeffrig und mit seiner anhaltend prickelnden Schärfe etwas ganz Besonderes. Paradieskörner ***(Aframomum melegueta)*** hingegen besitzen eine Schärfe, die sich sehr subtil und elegant präsentiert.

VANILLE-PFEFFER

2 Vanilleschoten, ausgekratzt

50 g schwarze Pfefferkörner (z.B. Tellycherry-Pfeffer)

Die Vanilleschoten klein schneiden und mit dem Pfeffer mischen. Auf einer Platte ausbreiten und über Nacht trocknen lassen. Nach Bedarf im Mörser zerstoßen oder in einer Gewürzmühle mahlen. Passt gut zu gegrillter Paprika, Spargel und Tomaten, aber auch zu Fisch, Meeresfrüchten und Geflügel. TIPP: Am besten eignen sich bereits ausgekratzte Vanilleschoten, die vom Backen übrig sind. Diese einige Tage trocknen lassen, anschließend mit dem Pfeffer wie oben beschrieben verarbeiten.

ROSEN-PFEFFER-MISCHUNG

20 g Schwarzer Pfeffer

20 g Szechuanpfeffer

15 g getrocknete Duftrosenblütenblätter

10 g Langer Pfeffer, grob zerbrochen

Alles miteinander vermischen und nach Bedarf in einer Mühle mahlen oder im Mörser zerstoßen.

NUSS-KROKANT MIT ROSA PFEFFER

125 g Haselnüsse oder Mandeln, grob gehackt

250 g Zucker

1 TL Schinusbeeren (rosa Pfeffer), zerstoßen

Den Backofen auf 180 °C vorheizen. Die Nüsse auf einem Backblech verteilen und im Ofen ca. 10 Minuten rösten. Ein weiteres Backblech mit Backpapier auslegen. In einem Topf 200 ml Wasser mit dem Zucker in einem Topf aufkochen. Bei mittlerer Hitze köcheln lassen, bis der Zucker goldbraun karamellisiert ist. Die gehackten Nüsse oder Mandeln zugeben und unterrühren. Auf das Backpapier gießen und sehr schnell verstreichen, damit die Zuckerschicht schön dünn wird. Mit Schinusbeeren bestreuen. Den Krokant aushärten lassen und zerteilen.

VANILLE-PFEFFER-SIRUP

125 ml Weinbrand

125 g feiner Zucker

1 EL bunter Pfeffer, zerstoßen

1 Vanilleschote, ausgekratzt

Weinbrand und Zucker in einem Topf aufkochen. Etwa 10 Minuten köcheln lassen, bis der Sirup eingedickt ist. Den Pfeffer und die Vanilleschote unterrühren. Abkühlen lassen und in ein gut verschließbares Gefäß füllen.

shiitake-tarte mit langem pfeffer, walnüssen und rucola

- Aus den Zutaten einen glatten Mürbeteig kneten, diesen in Frischhaltefolie wickeln und 30 Minuten kalt stellen.
- Den Backofen auf 180 °C vorheizen.
- Den Teig auf einer bemehlten Arbeitsfläche 3 mm dünn ausrollen und 4 Kreise in der Größe der Tarteletteformen (ca. 12 cm Durchmesser) ausstechen. Die 4 Tarteletteformen buttern und bemehlen, die Teigkreise hineinlegen und die Ränder gut andrücken.
- Die Shiitake-Pilze putzen und den Stiel entfernen. Die Pilze in Scheiben schneiden, Olivenöl in einer Pfanne erhitzen und die Pilze von beiden Seiten goldbraun anbraten. Auf Küchenkrepp abtropfen lassen. Die Shiitake kreisrund in die Formen mit dem vorbereiteten Teig legen.
- Eier und Sahne in einem hohen Becher mit Salz, Muskat und Pfeffer würzig abschmecken und einmal mit dem Pürierstab aufmixen. Die Eier-Sahne in die Formen füllen und im vorgeheizten Backofen 20 Minuten backen. Die Tartes herausnehmen und 10 Minuten abkühlen lassen.
- Die Walnüsse grob hacken und in einer Pfanne ohne Fett goldbraun rösten.
- Den Rucola putzen, waschen und trocken schleudern. Essig und Öl in einer Schüssel verrühren. Mit Salz, Pfeffer und Zucker abschmecken. Den Rucola damit marinieren.
- Die Tartelettes aus den Formen heben und auf Tellern anrichten. Rucola daneben verteilen, etwas Pfeffer darüber reiben und mit den Walnüssen bestreuen.

FÜR 4 PORTIONEN

FÜR DEN TEIG

150 g Mehl
80 g Butter
1 EL Zucker
1 Pr Salz
Mehl und Butter zum Bearbeiten und für die Formen

FÜR DIE FÜLLUNG

400 g Shiitake-Pilze
2 EL Olivenöl
2 Eier
8 EL Sahne
Salz, Muskatnuss, frisch gemahlen
1 Schote Langer Pfeffer, fein gerieben

FÜR DEN SALAT

50 g Walnüsse
150 g Rucola
2 EL Weißweinessig
3 EL Olivenöl
Salz, Pfeffer, frisch gemahlen
1 Pr Zucker

entenbrust auf apfel-calvados-sahne und kartoffel-pfeffer-plätzchen

- Die Kartoffeln waschen, schälen und vierteln. In einem Topf knapp mit Salzwasser bedecken und in ca. 20 Minuten weich kochen. Die Kartoffeln abgießen und auf der heißen Herdplatte 3 Minuten ausdampfen lassen. Die heißen Kartoffeln durch eine Kartoffelpresse drücken, Eigelbe und Kartoffelstärke unterkneten und die Masse mit Salz und Muskat würzen. Die Pfefferkörner zerdrücken, grob hacken und unter die Kartoffelmasse mischen. Die Masse zu einer etwa 5 cm dicken Rolle formen und in Scheiben schneiden.
- Den Backofen auf 120 °C vorheizen.
- Die Haut der Entenbrüste mehrmals einschneiden und das Fleisch mit Salz und Pfeffer würzen. Die Entenbrust mit der Hautseite nach unten in eine kalte Pfanne legen. Bei mittlerer Hitze die Haut knusprig und goldbraun braten, dabei das entstandene Fett immer wieder abgießen.
- Die Entenbrust wenden, 1 Minute braten und im vorgeheizten Backofen 15 Minuten garen. Herausnehmen und 5 Minuten ruhen lassen.
- Für die Sauce die Schalotten schälen und klein würfeln. Den Apfel waschen, schälen, das Kerngehäuse entfernen und den Apfel ebenfalls in kleine Würfel schneiden. Die Butter in der gleichen Pfanne wie die Entenbrust schmelzen. Die Apfel- und Schalottenwürfel darin anschwitzen. Mit dem Calvados ablöschen. Den Geflügelfond und die Sahne angießen, mit Salz und Pfeffer würzen und 3–5 Minuten sämig einkochen lassen.
- Butter und Öl in einer weiteren Pfanne erhitzen und die Kartoffelscheiben darin von beiden Seiten goldbraun anbraten.
- Zum Anrichten die Entenbrüste in Scheiben schneiden und diese auf der Apfel-Calvados-Sauce anrichten. Kartoffelplätzchen danebenlegen und mit Kerbelblättchen garnieren.

FÜR 4 PORTIONEN

FÜR DIE KARTOFFEL-PFEFFER-PLÄTZCHEN

500 g Kartoffeln, mehlig kochend

2 Eigelb

80 g Kartoffelstärke

Salz, Muskatnuss, frisch gemahlen

2 TL grüner Pfeffer, eingelegt

20 g Butter

2 EL Rapsöl

FÜR DAS FLEISCH

3 Entenbrüste, à 250 g

Salz, Pfeffer, frisch gemahlen

FÜR DIE SAUCE

2 Schalotten

1 säuerlicher Apfel, ca. 200 g

20 g Butter

20 ml Calvados

150 ml Geflügelfond (Glas)

150 g Sahne

Salz, Pfeffer, frisch gemahlen

ZUM SERVIEREN

Einige Stiele Kerbel

schokoladenmousse mit paradieskörnern und zwergorangen

- Die Schokolade grob hacken und in einer Schüssel über einem heißen Wasserbad schmelzen. Die Sahne steif schlagen.
- Eigelbe, Wasser, Zucker und Paradiespfefferkörner in einer großen Schlagschüssel verrühren. Ebenfalls über ein heißes Wasserbad stellen und mindestens 5 Minuten dickschaumig aufschlagen. Kurz beiseite stellen.
- Die flüssige Schokolade unter die aufgeschlagenen Eier heben und die Sahne unterheben.
- Die Masse in eine Auflaufform füllen, glatt streichen und abgedeckt 2–3 Stunden im Kühlschrank fest werden lassen.
- Die Zwergorangen waschen und in Scheiben schneiden. Die Kerne der Früchte dabei entfernen.
- Zucker und Weißwein in einem Topf aufkochen. Die Zwergorangen zugeben und bei milder Hitze darin etwa 8 Minuten weichkochen, so dass sie noch ihre Form behalten.
- Zum Servieren die Zwergorangen mit dem Sud auf Tellern verteilen. Je eine Nocke Schokoladenmousse darauf anrichten. Mit Minze garniert servieren.

FÜR 4 PORTIONEN

FÜR DIE SCHOKOLADENMOUSSE

150 g Zartbitterschokolade, 70 % Kakaoanteil
250 g Sahne
4 Eigelb
4 EL heißes Wasser
80 g Zucker
10 Paradieskörner, zerstoßen

FÜR DIE ORANGEN

250 g Zwergorangen
50 g Zucker
100 ml Weißwein

ZUM SERVIEREN

Einige Blätter Minze

kaffee

KAFFEE (COFFEA ARABICA)

Fast jeder liebt den verführerischen Duft einer frisch gebrühten Tasse Kaffee, doch die wenigsten kennen Kaffee als Gewürz. Das ist schade, denn er bringt eine Reihe von Aromenverbindungen in Gerichte, wie es mit anderen Gewürzen kaum möglich ist. Beim Würzen mit Kaffee werden einer Speise nämlich Röstaromen zugefügt, die sonst erst durch Braten erzeugt werden. So verleiht er durch seine würzig-bitteren Note Süßem, wie Erdbeeren oder Melonen, mehr Tiefe, aber auch herzhafte Gerichte erhalten eine angenehm würzige und raffinierte Note. Bei Gebratenem ist allerdings Vorsicht geboten, da sich die Röstaromen eventuell gegenseitig überdecken.

Am einfachsten lässt sich Kaffee einsetzen, indem er frisch gemahlen, allein oder auch in Kombination mit anderen Gewürzen wie Pfeffer, Salz oder Zucker, unmittelbar vor dem Servieren über die Speise gegeben wird. Da Kaffee auch fettlösliche Stoffe besitzt, lässt sich sein Aroma gut in Öl einfangen, welches dann bei der Zubereitung von Fisch, Fleisch und auch Salaten mit Rohkost als individuelle Würze verwendet werden kann.

KAFFEE-ÖL

1 TL frischer, grob gemahlener Kaffee

100 ml Sonnenblumenöl oder mildes Olivenöl

Beide Zutaten vermischen, auf 60–65 °C erhitzen und 30 Minuten ziehen lassen. Das Öl wird etwas dunkler und bekommt eine wunderbare Kaffeenote.

KAFFEE-MACARONS

125 g geschälte, gemahlene Haselnüsse

1 TL fein gemahlenes Kaffeepulver

200 g Puderzucker

100 g Eiweiß

1 Pr Salz

30 g Zucker

Haselnüsse, Kaffeepulver und Puderzucker in einer Küchenmaschine zu feinem Pulver vermahlen. Das Pulver sieben. Die Reste nochmals fein mahlen und sieben. Eiweiße mit Salz und Zucker steif schlagen. Die Haselnussmischung unterheben. Ein Backblech mit Backpapier auslegen. Die Masse in einen Spritzbeutel mit Lochtülle füllen und kleine Tupfen mit 2 cm Abstand aufspritzen. Die Masse 30 Minuten antrocknen lassen. Den Backofen auf 160 °C vorheizen. Die Macarons im vorgeheizten Backofen 15 Minuten backen. Sollten sie vorher braun werden, die Hitze auf 140 °C reduzieren. Die Macarons auskühlen lassen und in einer gut schließenden Dose aufbewahren.

ESPRESSO-PFEFFER

1 TL Espressobohnen

1 TL Schwarzer Pfeffer

½ TL Kardamomsamen

Espressobohnen, Pfeffer und Kardamom in einer Pfanne ohne Fett anrösten, bis es zu duften beginnt. Abkühlen lassen und je nach Bedarf im Mörser grob zerstoßen. Passt wunderbar zu Ziegenfrischkäse, Kürbis und zu dunklem Fleisch, gibt Schärfe und Aroma.

KAFFEESIRUP

200 g Zucker

400 ml starker Kaffee

30 ml Rum

Zucker und Kaffee in einem Topf langsam zum Kochen bringen. Aufkochen und anschließend bei milder Hitze sirupartig einkochen lassen. Vom Herd nehmen und den Rum zugeben. Passt sehr gut zu Desserts mit Eis, zum Tränken von Kuchen und Gebäck oder zum Glasieren von Rind und Lamm.

champignon-carpaccio mit kaffee-vanille-vinaigrette und feldsalat

- Für die Vinaigrette die Kaffeebohnen im Mörser zerstoßen und in einer Pfanne leicht erwärmen.
- Die Kaffeebohnen und das Vanillemark in einer Schüssel mit Honig, Weißweinessig und Rapsöl verquirlen. Mit Salz und Pfeffer würzen und gut durchziehen lassen.
- Die Champignons putzen und mit einem Tuch abreiben. In dünne Scheiben hobeln und auf Tellern anrichten. Den Feldsalat putzen, waschen und trocken schleudern.
- Den Feldsalat auf den Pilzen verteilen und großzügig mit der Vinaigrette beträufeln.

FÜR 4 PORTIONEN

FÜR DIE VINAIGRETTE

10 Kaffeebohnen

Mark von ½ Vanilleschote

3 EL Honig

6 EL Weißweinessig

6 EL Rapsöl

Salz, Pfeffer, frisch gemahlen

FÜR DAS CARPACCIO UND DEN SALAT

300 g braune Champignons

150 g Feldsalat

lammnüsschen in kaffeeöl gegart auf cremiger polenta und jungen möhren

- In einen schmalen, hohen Topf eine Untertasse verkehrt herum auf den Topfboden legen. Olivenöl und Kaffeebohnen in den Topf füllen und auf 70 °C erwärmen, Temperatur mit einem Thermometer kontrollieren.
- Lammnüsschen auf den Unterteller in das Öl legen und darin 1 Stunde garen. Darauf achten, dass das Fleisch mit dem Öl bedeckt ist.
- Für die Polenta die Gemüsebrühe aufkochen, den Polentagrieß einstreuen und unter Rühren aufkochen. Mit Salz, Pfeffer und Muskat würzen. Auf kleinster Stufe 20 Minuten ausquellen lassen. Dabei gelegentlich rühren.
- Den Parmesan fein reiben und mit der Hälfte der Sahne unter die Polenta rühren. Die restliche Sahne steif schlagen und kurz vor dem Servieren unter die Polenta rühren.
- Die Karotten waschen, schälen und je nach Größe längs halbieren.
- Die Butter in einer Pfanne erhitzen, die Karotten darin schwitzen, mit Zucker bestreuen und diesen leicht karamellisieren lassen. Die Gemüsebrühe angießen, mit Salz und Pfeffer würzen und die Karotten bei milder Hitze bissfest garen.
- Zum Anrichten die Lammnüsschen aus dem Öl nehmen, mit Salz und Pfeffer würzen und in einer heißen Pfanne kurz von allen Seiten anbraten und halbieren. Die Polenta auf Tellern verteilen, die Karotten daneben legen und das Fleisch auf der Polenta anrichten. Die Petersilie fein hacken, mit etwas Kaffeeöl vermischen und das Fleisch damit beträufeln.

FÜR 4 PORTIONEN

FÜR DAS FLEISCH

4 Lammnüsschen, à ca. 140 g
ca. 1 l mildes Olivenöl
50 g Kaffeebohnen, grob zerstoßen
Salz, Pfeffer, frisch gemahlen

FÜR DIE POLENTA

400 ml Gemüsebrühe
100 g Polentagrieß
Salz, Pfeffer, Muskatnuss, frisch gemahlen
50 g Parmesan
100 g Schlagsahne

FÜR DIE MÖHREN

300 g junge Karotten
20 g Butter
20 g Zucker
50 ml Gemüsebrühe
Salz, Pfeffer, frisch gemahlen

ZUM SERVIEREN

3 Stiele glatte Petersilie

weiße kaffeecreme mit karamell und cranberry-kompott

— Den Zucker und den Kaffee in einem kleinen Topf unter Rühren aufkochen und sirupartig einkochen lassen. 4 Souffléförmchen leicht buttern und den Kaffeesirup hineingießen.
— Milch, Sahne und Kaffeebohnen aufkochen, vom Herd nehmen und 1 Stunde ziehen lassen. Anschließend nochmals aufkochen und durch ein Sieb gießen. Ei, Eigelb und Zucker mit einem Schneebesen verrühren. Nach und nach die heiße Sahne-Milch-Mischung unterrühren.
— Den Backofen auf 180 °C vorheizen.
— Die Kaffee-Sahne durch ein feines Sieb in die Förmchen gießen. Die Förmchen in die Fettpfanne des Backofens stellen und so viel kochendes Wasser dazugießen, dass die Förmchen zur Hälfte im Wasser stehen.
— Die Creme im vorgeheizten Backofen etwa 45 Minuten garen. Abkühlen lassen und mindestens 2 Stunden kalt stellen.
— Für das Kompott den Zucker in einem Topf karamellisieren und die Cranberries zugeben. Die Vanilleschote aufschlitzen, das Mark herauskratzen und samt der Schote zufügen. Mit dem Rotwein ablöschen und bei milder Hitze dickflüssig einkochen lassen.
— Zum Anrichten die Creme mit einem spitzen Messer vom Formenrand lösen und auf die Teller stürzen, so dass sich der Kaffeesirup darauf verteilen kann. Das Kompott dazu servieren.

FÜR 4 PORTIONEN

FÜR DIE KAFFEECREME
100 g Zucker
50 ml starker gebrühter Kaffee
Butter für die Förmchen
150 ml Milch
150 g Sahne
1 EL Kaffeebohnen
1 Ei
1 Eigelb
30 g Zucker

FÜR DAS KOMPOTT
50 g Zucker
250 g frische Cranberries (alternativ getrocknete Cranberries)
½ Vanilleschote
150 ml Rotwein

REGISTER DER REZEPTE

BASICS

17 Arabischer Kardamom-Kaffee
81 Blätterteigstangen mit Chili und Schokolade
41 Eingelegter Ingwer
105 Espresso-Pfeffer
33 Heidelbeer-Veilchen-Konfitüre
25 Holunderblütenessig
25 Holunderblütengelee
25 Holunderblütensirup
25 Holunderblütentee
41 Ingwergelee
41 Ingwersalz mit Zitrone
105 Kaffee-Macarons
105 Kaffee-Öl
105 Kaffeesirup
17 Kardamom-Mandel-Krokant
17 Kardamom-Schokoladen-Pralinen
73 Lavendelblütenhonig
73 Lavendelcracker
73 Lavendel-Kruste
73 Lavendeltrüffel
57 Löffelbiskuit mit Rosenblütenzucker
49 Minzjoghurt
97 Nuss-Krokant mit rosa Pfeffer
49 Pfefferminzzucker
57 Rosenbalsamico-Reduktion
57 Rosenblütenzucker
49 Rosen-Minz-Tee
97 Rosen-Pfeffer-Mischung
57 Rosensalz mit Zimt
9 Safran-Apfelessig
9 Safran-Butter
9 Safran-Eierlikör
9 Safran-Gewürz
17 Salzmandeln mit Kardamom
81 Schokoladen-Balsamico
81 Schokoladensalz
81 Schoko-Nuss-Aufstrich
41 Süß-saure Ingwer-Chili-Sauce
65 Vanille-Balsamico-Sauce
65 Vanilleextrakt
65 Vanillehonig mit Nüssen
65 Vanilleoliven
97 Vanille-Pfeffer
97 Vanille-Pfeffer-Sirup
33 Veilchenconfit
33 Veilchenessig
33 Verzuckerte Veilchen
89 Zimt-Butter
89 Zimt-Kürbiskern-Gewürz
89 Zimtlikör
89 Zimt-Marinade
49 Zitronen-Limonade mit frischer Minze

VORSPEISEN

27 Bunter Tomatensalat mit Holunderblütendressing und Brunnenkresse
107 Champignon-Carpaccio mit Kaffee-Vanille-Vinaigrette und Feldsalat
51 Erdbeer-Tomaten-Gazpacho mit Minze und Blauschimmel-Zigarre
19 Gebratene Calamaretti mit Kardamom-Chili-Mayonnaise auf Limetten-Gurkensalat
67 Jakobsmuscheln auf Vanillelauch mit confierten Tomaten
75 Kalbspastete mit Lavendelsauce und Rucola
91 Kürbis-Zimt-Suppe mit Pumpernickel-Crunch
35 Lachstatar mit Veilchen-Orangen-Vinaigrette
11 Safran-Crêpes mit Birnen, Radicchio und Gorgonzola
99 Shiitake-Tarte mit Langem Pfeffer, Walnüssen und Rucola
83 Tagliata vom Rind mit Schokoladen-Zwiebel-Chutney
43 Tomaten-Papaya-Salat mit Ingwer und Focaccia
59 Wassermelonen-Carpaccio mit Rosen-Pfeffer-Kandis und Ziegenkäse

HAUPTGERICHTE

53 Auf Minze gedämpfter Heilbutt mit Pak Choi und Limettenreis
101 Entenbrust auf Apfel-Calvados-Sahne und Kartoffel-Pfeffer-Plätzchen
45 Flusskrebsravioli mit Ingwer-Zitronengrasschaum auf Blattspinat
93 Gegrilltes Zimt-Lamm auf Aprikosen-Couscous
37 Geschmorte Ochsenbeinscheibe mit Veilchenconfit und Schwarzwurzel-Kartoffel-Gemüse
69 Kalbsfilet mit Sauerkirsch-Vanillekompott auf Pastasotto
13 Kaninchenrücken in Safran-Ingwer-Marinade auf Mangold und Süßkartoffelpüree
109 Lammnüsschen in Kaffeeöl gegart auf cremiger Polenta und jungen Möhren
77 Maispoulardenbrust mit Haselnuss-Lavendel-Kruste, Linsen und karamellisierten Tomaten
21 Rinderfilet mit Granatapfel-Chutney und Kardamomsauce auf Steckrübenmus
61 Saiblingsfilet auf glasierten Zuckerschoten mit Rosen-Tomaten-Salsa
85 Schokoladen-Chili-Tagliatelle mit gebratenen Garnelen und geschmorter Paprika
29 Schweinefiletroulade mit weißem Spargel, Holunderblüten-Hollandaise und Kartoffelgratin

DESSERTS

47 Apfel-Blätterteigtörtchen mit Ingwersabayon
79 Crème brûlée Lavendel
31 Crêpe mit Holunderblütenschaum und Schokoladen-Holunderblütensauce
55 Mango-Panna-cotta mit Orangen-Minz-Pesto und Mandelkrokant
71 Orangengranité mit Vanille-Olivenöl
15 Safran-Cheesecake mit Vanille-Quitten und Kürbiskernkrokant
39 Schokoladenhippen mit Veilchencreme und Beeren
103 Schokoladenmousse mit Paradieskörnern und Zwergorangen
87 Schokoladen-Risotto mit Mandarinen-Gewürz-Sorbet
23 Spanische Churros mit heißer Kardamomschokolade
63 Tartelettes mit weißer Schokolade, Rosen und Himbeeren
111 Weiße Kaffeecreme mit Karamell und Cranberry-Kompott
95 Zimtsoufflé mit Portwein-Zwetschgen